W0191764

ro
ro
ro

«Der Schlüssel zum Glück?

Selbstliebe.

Der Weg dazu führt über Selbsterkenntnis, Selbstakzeptanz und Selbstbewusstsein. Eine Menge Selbst, Ego, Ich, Ich, Ich?

Ja, verdammt. Und das ist auch gut so.

Für falsche Bescheidenheit ist hier kein Platz. Immerhin geht es um unser Seelenheil und nicht zuletzt auch unser Lebensglück. Denn beides kann nur von innen heraus entstehen, unabhängig davon, wie unsere Hülle nun daherkommt. (...)

Der Weg zu mehr Selbstliebe ist genau das: ein Weg, eine Reise.

Ohne abzusehendes Ziel, denn diese Reise dauert wohl ein Leben lang. Aber wer nur ein klein wenig vom Reisen versteht, der weiß, dass das Ankommen gar nicht so wichtig ist. Auf dem Weg die Augen offen zu halten, Unerwartetes zu erleben, Erkenntnisse zu sammeln und an ihnen zu wachsen, das macht wahres Reisen aus.

Und auch wenn es manchmal hart werden kann, es macht wahnsinnig viel Spaß!»

Miyabi Kawai, geboren 1974 in Berlin, ist Modedesignerin, Kostümbildnerin und Stylistin mit deutsch-japanischen Wurzeln. Als Kreativteam für TV-Shows wie «X-Factor» und «Got to Dance» startete sie ihre Zusammenarbeit mit Manuel Cortez im Kostüm- und Stylingbereich. Ab 2014 standen sie für drei erfolgreiche Staffeln ihrer gemeinsamen Stylingshow «Schrankalarm» auf Vox vor der Kamera. 2018 erschien ihr Buch «Finde deinen Style!».

Miyabi Kawai

Dem Meer ist es egal, ob du eine Bikinifigur hast

Ein Plädoyer für mehr Selbstliebe

Rowohlt Taschenbuch Verlag

Originalausgabe
Veröffentlicht im Rowohlt Taschenbuch Verlag,
Hamburg, Juni 2019
Copyright © 2019 by Rowohlt Verlag GmbH, Hamburg
Redaktion Tobias Schumacher-Hernández
Umschlaggestaltung zero-media.net, München
Umschlagabbildung Mirjam Knickriem; Jodie Griggs / Getty Images
Gesamtherstellung CPI books GmbH, Leck, Germany
ISBN 978 3 499 63457 4

Für M.
Danke.
Für dich.
Für uns.

My mission, should I choose to accept it, is to find peace with exactly who and what I am. To take pride in my thoughts, my appearance, my talents, my flaws and to stop this incessant worrying that I can't be loved as I am.

ANAÏS NIN

Inhalt

Vorwort

Neulich an der Bushaltestelle: Drei elfengleiche junge Frauen, an deren Schöpfungstag der liebe Gott (oder wer auch immer dafür verantwortlich ist) besonders gute Laune gehabt haben muss, betrachten missmutig das Werbeplakat, das neben ihnen am Wartehäuschen hängt. Es zeigt ein wahnsinnig gut gelauntes Model, das ihr Leben lachend im Bikini zu verbringen scheint. Viel Haar, blitzend weiße Zähne und eine Haut, die, makellos gebräunt, einen Körper straff umspannt, der den Naturgesetzen trotzend in vorgebeugter Haltung keinen Faltenwurf kennt.

«Oh Mann, bald ist schon wieder Frühling und – zack – ist Sommer. Ich muss mich wieder Bikini-ready kriegen, bevor es zu spät ist ...», sagt die eine.

«Du hast gut reden, du siehst doch super aus. Ich bin so weit von nem Beach Body entfernt, ich könnte mich hauen, dass ich Weihnachten so zugeschlagen habe!»

«Ich mach seit ein paar Wochen wieder Low Carb, hab jetzt schon schlechte Laune. Aber von nix kommt ja nix ...»

Ich möchte meinen Kopf wiederholt gegen das Wartehäuschen schlagen.

Eigentlich möchte ich die Köpfe der drei Grazien gegeneinander schlagen, bis sie wieder klarkommen, aber erstens bin ich keine Freundin von Gewalt und zweitens würde es auch nichts bringen – außer einer Anzeige wegen Körperverletzung.

Denn mal ganz ehrlich: Würde es helfen, ich würde fröhlich lachend durch die Einkaufspassagen dieser Welt laufen und ordentlich bejahende Kopfnüsse verteilen. Doch leider sitzt das Problem tiefer. Tiefer als jede Kopfnuss dieser Welt kommen könnte.

Die Werbetafel brummt, und die ewig lachende Bikinischönheit wird von einem saftigen Burger verdrängt, neben dem höchst motivierte Pommes kross leuchtend eine zuckerhaltige Limonade umtanzen.

«Boah, ich hab Hunger. Wollen wir später noch bei Mäckes was essen?»

«Ja, ist ja direkt einer neben McFit.»

«Ich nehm aber nur einen Salat.»

Und ich denke im Stillen: Vielleicht ist doch noch nicht alles verloren.

Während ich mich noch von meinen Gewaltphantasien erhole, wird mir klar, wie sinnbildlich das eben Erlebte für uns Frauen und unseren Stand in der Gesellschaft ist. Ich verlasse kurz meinen Körper und betrachte die Situation von außen:

Drei gertenschlanke Frauen, die mit knapp 20 Jahren noch nicht die geringste Ahnung vom Struggle des Älterwerdens oder einem sich verlangsamenden Stoffwechsel haben, betrachten ein am Computer erschaffenes

Wunderwerk, das in dieser porenfreien Perfektion gar nicht existiert, und fühlen sich ungenügend. Währenddessen werden sie von einer Frau beobachtet, die sowohl altersmäßig als auch kleidergrößentechnisch die 44 überschritten hat. Und die sich leicht melancholisch an jene falten- und dellenfreie Zeit zurückerinnert, als sie noch ahnungslos, aber auch ohne jegliche Wertschätzung der eigenen Makellosigkeit begann, an sich herumzumäkeln.

Frauen im ewigen Vergleich.

Bis sie dem Gespräch der drei Grazien folgt. Bam. Realitycheck.

Was ist der Unterschied zwischen der jungen Generation und der 44 plus?

Ich habe meinen Bikini-Body schon, jedenfalls sobald ich mir einen dieser schicken stofflich begrenzten Zweiteiler überziehe. Und das, obwohl ich nach *Cosmopolitan* und Co. mindestens 20 Jahre, 32 Kilo, 300 Tassen Fitness-Tee und 4000 Stunden Laufband und Booty-Bootcamp hinterher liege. Dem Meer ist es nämlich egal, ob ich in einer getunten 36 reinspringe oder in einer wogenden 44. Und wen sonst sollte es scheren?

Mir wiederum ist die lachende Strandschönheit auf dem Plakat herzlichst wurscht. Nicht nur, weil sie in der abgebildeten Form gar nicht existiert. Natürlich gibt es unendlich viele wunderschöne, durchtrainierte Wahnsinnsbabes da draußen in der Welt, aber ich vergleiche mich nicht mit ihnen. Und auch nicht mit den drei Elfenkindern an der Bushaltestelle. Oder mit den Fitnessmodels auf Instagram, den zarten Bloggermädchen, den Cover-gesichtern, der Kollegin auf dem roten Teppich, mit der Nachbarin, meiner Schwester oder sonst jemandem. Ich bin ich. Und ich finde mich ziemlich cool.

Mit wogender 44, riesigen halbblinden Augen, *nicht* naturgegebenen Klimperwimpern, Hasenzähnen und einer ganz ansehnlichen Oberweite, die sich optimistisch gegen die Schwerkraft erhebt.

Der Schlüssel zum Glück?

Selbstliebe.

Der Weg dazu führt über Selbsterkenntnis, Selbstakzeptanz und Selbstbewusstsein. Eine Menge Selbst, Ego, Ich, Ich, Ich?

Ja, verdammt. Und das ist auch gut so.

Für falsche Bescheidenheit ist hier kein Platz. Immerhin geht es um unser Seelenheil und nicht zuletzt auch unser Lebensglück. Denn beides kann nur von innen heraus entstehen, unabhängig davon, wie unsere Hülle nun daherkommt.

Aber da unser Äußeres heutzutage eine so dominante Rolle in der Gesellschaft spielt, gilt es, mit unserem Körper Frieden zu schließen. Gelassenheit zu entwickeln. Damit wir uns wichtigeren Dingen zuwenden können. Der Erhaltung unserer Mutter Erde beispielsweise, der Erziehung unserer Kinder oder dem Gebrauch unserer Stimme gegen Ungerechtigkeit und Ungleichheit in dieser Welt. To name a few.

Der Weg zu mehr Selbstliebe ist genau das: ein Weg, eine Reise.

Ohne abzusehendes Ziel, denn diese Reise dauert wohl ein Leben lang. Aber wer nur ein klein wenig vom Reisen versteht, der weiß, dass das Ankommen gar nicht so wichtig ist. Auf dem Weg die Augen offen zu halten, Unerwartetes zu erleben, Erkenntnisse zu sammeln und an ihnen zu wachsen, das macht wahres Reisen aus.

Und auch wenn es manchmal hart werden kann, es macht wahnsinnig viel Spaß!

In diesem Buch nehme ich euch mit auf meine Reise und hoffe, auch eure Abenteuerlust zu wecken. Euch zu animieren, das schwere Gepäck der Selbstzweifel peu à peu hinter euch zu lassen und nur mit leichtem Handgepäck zu reisen. Ich bin auch noch lange nicht angekommen, aber vielleicht habt ihr ja Lust, mich ein Stück zu begleiten? Wenigstens bis zum nächsten Strand, wo wir uns dann gemeinsam lachend in die Wellen stürzen können. Mit unseren Bikinifiguren, die uns dann vielleicht schon ein wenig egaler geworden sind.

Wie dem Meer ...

Also, wer kommt mit?

Teil 1

Die Wurzeln allen Übels

Warum *alle* Frauen mit ihrem Körper hadern

Die Unterschiede zwischen den drei Bushaltestellengrazien und mir sind offensichtlich. Aber auch wenn uns Jahre und Kilos voneinander trennen, haben wir etwas gemeinsam – neben der Tatsache, dass wir alle vier Bock auf einen Burger haben ... Denn selbst wenn wir uns vielleicht in anderen Stadien der Selbstakzeptanz befinden (Ich will nicht ungerecht sein, ich bin den drei Elfen zwangsweise um Jahre im Kampf um Selbstliebe voraus), unsere Zweifel, Unsicherheiten und unsere Unzufriedenheit drehen sich um unser äußeres Erscheinungsbild.

Warum ist das so?

Ganz einfach: weil wir in einer Gesellschaft leben, in der wir Frauen nach wie vor allzu oft als Körper und erst dann als vollwertige Menschen dargestellt und eingestuft werden. Weil wir in den Medien ein einseitiges und stark eingeschränktes Bild von Attraktivität vorgesetzt bekommen.

Wenn wir nicht dem Stereotyp der groß gewachsenen, schlanken, ewig jungen Frau mit langem Haar, ebenmäßigem, hellem Teint und geraden Zähnen entsprechen, hadern wir mit unserer Unzulänglichkeit und haben das Gefühl, wir müssten uns verändern, um einem Ideal zu entsprechen oder wenigstens so nah wie möglich daran heranzukommen.

Aber Überraschung! Auch dieses Idealbild verändert sich. Aus den gazellenartigen Modelschönheiten werden durchtrainierte Instagram-Mädchen mit Wespentaillen und Kardashian-Booties. Ein Bodytype, der in der Natur kaum vorkommt und teilweise schon anatomisch unmöglich anmutet. Kurven! Aber nur an den *richtigen* Stellen. Warum diese Mädchen bei so viel perfekt geformter Masse an Brust und Po nicht in der Mitte durchbrechen, lässt sich nur durch den großzügigen Einsatz von Facetune, Photoshop und Co. erklären. Oder mit wahnsinnig gut trainierten Bauchmuskeln. Ich kann das aus offensichtlichen Gründen schwer einschätzen.

Die Lippen werden größer, die Nasen kleiner, die Augen katziger. Wann sind diese abstrusen Bratz-Puppen zum Sinnbild von weiblicher Attraktivität geworden? Wem das nichts sagt: Bratz-Puppen sind diese aberwitzigen Figuren, die kurz nach dem Millennium als Kampfansage an Barbie auf den Markt kamen: kein ewiges Blond, pinke Schleifen und meterlange Extremitäten mehr, stattdessen Vertreterinnen jeder Ethnie mit absurd großen Köpfen, «modischen» Outfits und frechen Charakteren. Charaktere, die auch in Filmen und der dazugehörigen Serie ausgebaut wurden.

Da war Sasha alias «Zuckerpuppe», die Afroamerikanerin, Tänzerin und Musikexpertin. Bitte.

Jade, Asiatin und wissenschaftlich interessiert. Als Schnäppchenjägerin mit dem Spitznamen «Tiger» versehen. Wie originell. Im Film wird aus ihr sogar nur noch eine Halbasiatin mit japanischer Mutter und weißem Vater. Wow.

Cloe, Spitzname «Engel», russischer Abstammung und Modedesignerin. Is klar.

Und Yasmin, eine Latina mit dem Spitznamen «kleine Prinzessin». Reicht ja auch als Talent.

Wir sehen, Schönheitsideale verändern sich vielleicht, aber sie bleiben wandelnde Klischees, die an Sexismus und Rassismus kaum zu übertreffen sind. Dass sich da jede feministische Faser meines Körpers in Abscheu aufstellt, bedarf keiner näheren Erklärung.

Um sich diesem unnatürlichen Ideal anzunähern, wird gehungert, trainiert, operiert und gespritzt, was das Zeug hält. Es gibt sogar eine Bratz-Challenge, in der man sich das höchst alltagstaugliche Make-up der Puppen ins Gesicht zaubert.

Und was das Schlimmste daran ist? Dass das noch nicht mal das Schlimmste ist.

Wir leben in einer Gesellschaft, in der der Körper einer Frau und ihr äußeres Erscheinungsbild *vor* ihrer Vollwertigkeit als Mensch stehen. In der ihre Attraktivität und deren Erhalt vor ihrer Leistung und ihrem Beitrag zu eben dieser Gesellschaft gewürdigt werden. Uns wird eingeredet, dass unser Äußeres das Wichtigste an uns ist, dass es unseren Wert bestimmt.

Die Wurzel jedes negativen Körperbildes ist nicht, dass nur bestimmte Frauenkörper geschätzt werden, sondern dass Frauenkörper mehr als die Frauen selbst geschätzt werden. Die Medien sind dabei die stärkste Waffe der Gesellschaft, prägen sie doch durch die Auswahl und Ausrichtung der Dinge, Körper, *Menschen*, die sie zeigen, unsere Vorstellung von Normalität.

Magazin-Cover, auf denen Schauspieler und Musiker im schicken Anzug oder Smoking eine Aura von Erfolg und Souveränität verströmen, während ihre Kolleginnen in einem Hauch von Nichts, Wäsche oder gar gekonnt drapiert im «Birthday Suit» (also nackt) posieren.

Interviews, in denen Robert Downey Jr. gefragt wird, wie er sich an die Entwicklung seines Charakters Tony Stark alias Iron Man von einem egomanen Einzelkämpfer zum gereiften Teamplayer herangearbeitet hat und ob er daraus etwas für sich gelernt habe, während Downeys Schauspielkollegin Scarlett Johansson anschließend lediglich die Frage gestellt wird, ob sie eine spezielle Diät einhalten musste, um für ihre Rolle Black Widow in Form zu kommen.

TV-Werbung, in der der Mann stolz seiner Frau im Bikini hinterherpfeift, weil sie es nicht zuletzt dank eines zuckerfreien Soft Drinks geschafft hat, nach zwei Kindern immer noch rank und schlank auszusehen.

Frauen, die sich zu Karrierezwecken für den *Playboy* ausziehen und die Fotos später stolz ihren Kindern und Kindeskindern zeigen wollen, als «Beweis», wie «hot» die Omi einmal war. Oder sich nach einigen Jahren noch mal ausziehen, um den ausgebliebenen «Verfall» zu dokumentieren oder wie wenig ihnen eine Schwangerschaft ausgemacht hat.

No hard feelings here. Es sei den Frauen gegönnt, stolz auf ihre Körper zu sein und selbstbestimmt zu entscheiden, sich so zu zeigen. Für dieses Recht mussten Frauen lange kämpfen, auch wenn es jetzt zu einem anderen Problem beiträgt. Denn all diese Beispiele zeigen das eigentliche Dilemma auf: Äußere Attraktivität, Jugendlichkeit, der «perfekte» Körper, der trotz allen Widrigkeiten des Lebens schlank und straff bleibt, die erfolgreiche Gewichtsabnahme, die reine, glatte Haut, dies sind die Dinge, an denen wir Frauen (und zunehmend auch Männer) gemessen werden. Die unseren «Marktwert» bestimmen, zumindest in der Hauptsache.

Keiner will einer Beyoncé, J. Lo oder Lady Gaga ihr Talent absprechen, und doch diäten und trainieren sie und lassen sich die Nase richten. Und das ist nur allzu verständlich, wird doch unablässig von ihrem Gewicht, ihrer Form, ihren Zügen gesprochen und geschrieben. Selbst bei unserer Bundeskanzlerin, Frau Dr. Merkel, erblödet man sich, über ihre Frisur, ihren Kleidungsstil und so weiter zu debattieren. Habt ihr schon mal einen Artikel über Horst Seehofers schlecht sitzende, triste Anzüge oder seinen ewig gleichen Haarschnitt gelesen? Frankreichs First Lady, Brigitte Macron, geriet in die Schlagzeilen, weil sie knapp 25 Jahre älter als ihr Mann ist. Aber weil man ihr nicht absprechen konnte, sich für ihr Alter «erstaunlich gut gehalten» zu haben und «in Topform» zu sein, veränderte sich rasch die Tonart der Artikel. Statt Häme gab es Bilder im Badeanzug am Strand samt wohlwollenden

Kommentaren und den nicht zu vermeidenden Spekulationen über mögliche kosmetische Eingriffe.

Egal, ob die Berichterstattung positiv oder negativ ist, das Bewerten solcher Äußerlichkeiten ist schlicht übergriffig und unnötig. Weiß man, wie viel Sophie Scholl gewogen hat, als sie gegen das Naziregime kämpfte? Ob Rosa Parks sich die Haare färbte, was Ruth Bader Ginsburg unter ihrer Richterrobe trägt oder wie oft Malala Yousafzai ins Fitnessstudio geht? Nein? Richtig. Weil es keine Rolle spielt. Und ich möchte hier explizit betonen, dass es nicht außerordentlicher Leistungen bedarf, um Respekt zu erfahren.

Dies soll aber auch keine Aufreihung von Beispielen «armer» Promis werden, sondern zeigen, dass selbst die vermeintlichen Schönheitsidole hart unter dem gesellschaftlichen Druck leiden, immer «perfekt» sein zu müssen. Essstörungen, Sportsucht, übertrieben viele Schönheits-OPs und ein komplett gestörtes Selbstbild sind nicht selten die Folge. Selbst das ewig lachende Bikinimädchen von der Bushaltestellenreklame erkennt sich vermutlich in seiner Posterversion kaum wieder.

Und wir Frauen jenseits des Rampenlichts (oder Hybride wie ich, die sowohl die Limousine mit Fahrer als auch die öffentlichen Verkehrsmittel, den roten Teppich wie auch den ungeschminkten Gang zum Supermarkt kennen)?

Wir übernehmen diesen Druck, anstatt ihn den Medienprofis als Teil und Risiko ihrer Berufswahl zu überlassen.

Diese lächerlich sexistischen, profitorientierten Schönheitsideale und die Entmenschlichung unserer Körper bestimmen unser Selbstbild, zerstören unser Selbstbewusstsein und entziehen uns alle Energie. Energie, die wir für so viel anderes nutzen könnten. Stattdessen verstecken wir uns, meiden Events, Aktivitäten, sogar Menschen oder Beziehungen, weil wir nicht mögen, wie wir aussehen. Wir sind durchgehend damit beschäftigt, uns zu korrigieren, zu optimieren und uns damit zu objektifizieren. Unsere ständige Fixierung auf Kalorien, Kohlenhydrate, Jugend, Gewicht, Form, Schönheit und Sexappeal raubt uns die Zeit und Aufmerksamkeit für die wirklichen bedeutenden Dinge im Leben: unsere Gesundheit, zwischenmenschliche Beziehungen, Bildung, das Erreichen unserer Ziele, unseren Beitrag in dieser Welt, unser Glück.

Wir sind so viel mehr als nur Körper.

Wie aber lösen wir unsere Fesseln und machen uns frei von diesem allgegenwärtigen Druck?

Ich habe keinen blassen Schimmer. Ich kämpfe selbst tagtäglich mit dieser Aufgabe.

Das wolltet ihr jetzt nicht hören, oder?

Keine Sorge, ich habe etwas übertrieben. Auch wenn ich keinen ultimativen Fahrplan habe, so habe ich doch einen kleinen Schimmer, was helfen kann, sich unter diesem gesellschaftlichen Druck und dem Einfluss der Medien nicht zu verlieren. Lest einfach weiter und schaut, ob etwas davon auch für euch Sinn macht!

Problemzonen

Als ich ein kleines Mädchen war, ging meine Mutter regelmäßig mit mir zum Metzger um die Ecke, um Fleisch zu kaufen. Ja, so alt bin ich. Ich komme aus einer Zeit, in der man noch in Fachgeschäfte ging, um bestimmte Lebensmittel zu erwerben. Bevor Discounter und Ketten die Vorherrschaft übernahmen und alles abgepackt als Massenware zum Verkauf angeboten wurde. Aber ich schweife ab, ich will doch von was ganz anderem erzählen ...

Ich habe noch zwei lebhafte Erinnerungen an diese allwöchentlichen Besuche beim Fleischer. Die erste: die freundlich lächelnde Fleischfachverkäuferin, die mir am Ende unseres Einkaufs immer eine Scheibe Mortadella hinstreckte. Die mit Pistazien drin. Sie schmeckte köstlich. Je nach Laune drehte ich sie mir zu einer kleinen Zigarre, die ich schmatzend verschlang, oder ich biss in die glatte Fläche und analysierte fasziniert meinen Gebissabdruck, der sich durch den Verlust meiner Milchzähne gerade von Woche zu Woche unterschied. Sehr zum Unmut meiner Mutter, denn wie wir ja alle wissen: Mit Essen spielt man nicht.

Die gesamte Erinnerung ist wie in rosarote Farbe getunkt, rosa Fliesen an den Wänden (wir befinden uns in den Achtzigern, Leute), die prallen rosa Bäckchen der Metzgerin, die rosa Wurstscheibe mit grünen Tupfen drin – ein Fleisch gewordener Kleinmädchentraum. Und nein, ich entschuldige mich nicht für dieses platte Wortspiel. Ich hoffe, ihr habt jetzt alle Bilder im Kopf!

Die zweite Erinnerung ist deutlich irritierender (es sei denn, euch hat meine rosarote Fleischwurst-Erinnerung schon verstört): Hinter der Theke, an jenen besagten rosa Fliesen, hing eine große Tafel. Sie zeigte eine Kuh von der Seite, deren Körper wie eine Landkarte in unterschiedliche Zonen unterteilt war. Ob ich die Bezeichnungen der Zonen damals schon lesen konnte oder sie mir erklärt wurden, weiß ich nicht mehr. Aber ich erfuhr, dass die Kuh von hoher Rippe zu Entrecôte, Roastbeef und Filet aus verschiedenen Bereichen bestand, denen man unterschiedliche Zubereitungsarten und Qualitätsmerkmale zuordnete. Ich kann mir nicht helfen, aber jedes Mal, wenn ich das Wort «Problemzone» höre, muss ich an diese Tafel denken.

Ich sehe uns Frauen, mit entschlossenen Pinselstrichen in einzelne Zonen unterteilt und tituliert mit den Worten «Bruststück: zu klein / zu groß (nein, können Sie sich nicht aussuchen, wird Ihnen zugeteilt), vorzugsweise rund, darf nicht hängen, bitte auf Festigkeit, Nippelgröße und -farbe achten» und «Bauch: Nur gut, wenn mager. Im Bestfall mit hohem Muskelanteil. Kann über Zeit Gebrauchsspuren entwickeln. Unbedingt Fettanteil aufs Minimum reduzieren!» sowie «Oberschenkel: Kann unebene Struktur auf der Hautoberfläche vorweisen. Wenn auch nicht direkt qualitätsmindernd, kann es wenig verkaufsfördernd sein. Bitte nicht prominent platzieren.»

Meiner Phantasie sind hier keine Grenzen gesetzt. Meiner Empörung übrigens auch nicht. Da bekommt der Ausdruck «Wie ein Stück Fleisch behandelt werden» doch eine ganz neue Bedeutung!

Dass der Begriff «Problem» überhaupt in Zusammenhang mit unserer Figur, unserem Körper gebracht wird, als ob irgendetwas an ihm von Natur aus ein Problem darstellen könnte! Wie unser Körper – dieses Wunderwerk der Natur, Heim unserer Seele, das uns durchs Leben trägt, ja, uns am Leben hält und sogar in der Lage ist (mit ein wenig Hilfe), neues Leben zu erschaffen – zu einem Krisengebiet mit abgeteilten Parzellen reduziert werden kann, die bewertet, abgelehnt oder gar Ziel von Selbsthass sind, bleibt mir ein Rätsel.

Woher das kommt, ist allerdings sonnenklar: Unsere Problemzonen sind eine Erfindung der Beauty-, Fitness-, Nahrungsmittel- und Bekleidungsindustrie, um uns immer neue Produkte zu verkaufen. Und dennoch: Meine blühende Phantasie, auf die ich im Übrigen sehr stolz bin und auf die ich mir auch einiges einbilde, reicht nicht ansatzweise aus, um die kreativen Auswüchse der Werbeagenturen und Marketingabteilungen zu begreifen. Da ist beispielsweise von «seidenweicher Achselhaut» die Rede, einem Körperteil, dem ich bis dato wenig Beachtung geschenkt habe. Ein Fehler, wie mir suggeriert wird. Dabei habe ich doch schon jahrelang brav rasiert, deodoriert, parfümiert und gecremt. Aber mit dem falschen Produkt. Denn meine Achselhaut ist gereizt. Beansprucht von eben diesem ausgiebigen Pflegeprogramm, nimmt sie mir das wohl übel und braucht jetzt meine spezielle Zuwendung. Damit ich in Zukunft selig lächelnd mit einem Arm über meinem Kopf verschränkt meine jetzt Kaschmirziegenbabyunterfell an Weichheit übertreffende Achselhöhle streicheln kann. Noch eine Problemzone in den Griff gekriegt, von der ich vorher keine Ahnung hatte.

Und ein weiteres Produkt ins Badezimmer gestellt. Mittlerweile kann ich bei uns im Bad jeder Drogeriefiliale Konkurrenz machen. Mit dem Räumungsverkauf würde ich uns sicher mindestens ein halbes Jahr über Wasser halten. Und dabei wollte ich doch unseren Plastikmüll reduzieren. Mist. Aber von nix kommt nix, haben wir gelernt.

Und ich muss ja etwas tun gegen Dellen, Haare, Blässe, Falten, raue Stellen, Muffin-Tops, Armpit-Vaginas (ja, das ist die doppelte Hautfalte, wenn der Arm an der Achselhöhle an der Flanke anliegt!) usw. – so suggeriert es mir jede Frauenzeitschrift, das Fernsehen und das Internet.

Mein Mann hat derweil gefühlt drei Produkte im Regal stehen. Mit denen kann er Körper, Gesicht, Haare *und* Bart pflegen und wahrscheinlich sogar unser Parkett wienern, das Auto polieren und Küken aufziehen. Wie es allerdings seiner Achselhaut geht, kann ich nicht beurteilen, er rasiert sie ja noch nicht mal.

Apropos Rasieren, hier fällt mir ein weiteres Beispiel ein, wie sehr geschicktes Marketing unsere Wahrnehmung von Schönheit und Norm beeinflussen kann. Während des Zweiten Weltkriegs ging es der Wirtschaft aus nachvollziehbaren Gründen schlecht. Wer nicht grade Munition oder Transportmittel herstellte, hatte ein massives Problem, so auch die Rasiermittelindustrie. Der gingen schlicht die Kunden aus. Wenn man an der Front kämpft, hat man wahrlich andere Sorgen als ein glattrasiertes Gesicht. Und so setzten sich findige Mitarbeiter aus dem Marketing und der Produktentwicklung zusammen und ersannen eine ebenso geniale wie perfide Strategie, weiterhin ihre Produkte zu verkaufen.

Eine neue Zielgruppe musste her. Kinder, weil ja zumeist eher haarlos, fielen weg, aber es waren ja noch genug Frauen da! Und diese schmissen den Haushalt, gingen arbeiten, hielten die Gesellschaft zusammen und konsumierten. Aber leider rasierten sie sich in der Mehrheit nicht, das musste geändert werden! Und so suggerierte man ihnen in Werbekampagnen und durch prominente Vorbilder, dass Haare an Beinen und Achseln plötzlich unweiblich und unästhetisch waren. Ungefähr so, wie man mir samtene Achselhaut schmackhaft gemacht hat. Und es funktionierte. Sogar so gut, dass das Konzept weltweit Furore machte. Es ist ein Dauerbrenner, mit kurzer Unterbrechung in den Siebzigern. Manche gehen sogar so weit, dass sie Körperbehaarung gar als unhygienisch empfinden. Haare, die sich die Natur an diesen Stellen ausgedacht hat, und das nicht aus Jux und Dollerei. Aber die benutzen wahrscheinlich auch Intimwaschlotionen und vertrauen nicht auf das faszinierende Gleichgewicht einer natürlichen Scheidenflora. Und noch ein Produkt mehr im Bad!

Aber bleiben wir fair, auch ich bin nicht frei davon. Von Natur aus ohne signifikante Körperbehaarung ausgestattet, bin ich darauf konditioniert, haarlose Frauenkörper ansprechend zu finden, und habe gelernt, dass Frauen nur Haare an den *richtigen* Stellen haben sollten. Heißt: Auf dem Kopf als üppig wallendes Haupthaar, gerne lang. Als Wimpern und Augenbrauen. Wie breit Letztere ausfallen dürfen, ist allerdings auch eine Frage des jeweils aktuellen Trends. Während wir sie uns in den neunziger Jahren noch zu rasiermesserdünnen Strichen weggezupft haben, teilweise für immer, züchten wir sie uns jetzt mit Seren und Co. mühsam wieder heran. Wir pigmentieren, bürsten und microbladen uns Haare dorthin, wo jahrelang keine sein durften. Während an Achseln, Beinen, Unterarmen, Oberlippen und Schläfen rasiert, gewaxt, gefädelt oder epiliert wird.

Meine griechische Freundin Christina investiert einen nicht unerheblichen Teil ihres Monatseinkommens in dauerhafte Haarentfernung durch Laser, während ich mir Augenbrauen habe pigmentieren lassen und alle zwei bis drei Wochen meine von Natur aus kurzen und kerzengerade wachsenden Asia-Wimpern verlängern lasse. Zwei verschiedene Kulturkreise, umgekehrte Problematik, ein Symptom: Wir haben zu viele oder zu wenig Haare an den jeweils «falschen» oder «richtigen» Stellen. Und wir geben ein Heidengeld dafür aus. Denn unsere Unzufriedenheit ist ein Milliardengeschäft für die Hersteller. Und die Medien sind dabei ihr größter Komplize.

Machen wir uns nichts vor, wir werden auch weiterhin Produkte konsumieren, die versprechen, uns haarloser, dellenfreier, jugendlicher, hydratisierter usw. zu zaubern. Immerhin sind wir Teil dieser Gesellschaft. Aber genau darin liegt auch unsere Kraft.

Wir sind die Gesellschaft, die wir hier so gerne anprangern. Folglich können *wir* sie auch umgestalten, von innen heraus. Vielleicht nicht, indem wir uns gleich nur noch mit Kernseife und kaltem Wasser schrubben, aber möglicherweise, wenn wir ein wenig hinterfragen, was wir wirklich brauchen, und ein überflüssiges Produkt nach dem nächsten weglassen.

Lasst uns anfangen mit dem Rasierschaum, der nicht in rosa Verpackung und Pfirsichduft um die Ecke kommen und deshalb das Dreifache vom 3 in1-Produkt für den Herrn kosten muss. Aber bei der Version für die Frau ist Aloe für die empfindliche Haut drin? Überraschung, beim Herrenschaum auch, steht nur nicht auf der Verpackung. Und mal Hand aufs Herz, wer riecht denn unter Bodylotion, Deo und Parfüm noch den verwendeten Rasierschaum? Noch besser: Rasierschaum ganz weglassen und Seife oder Kokosöl verwenden, funktioniert genauso gut und spart Produkt und Verpackung! Und noch viel besser: uns auch den angewiderten Blick, den abwertenden Gedanken oder gar dämlichen Kommentar abtrainieren, wenn wir einer

Frau begegnen, die ihrer naturgegebenen Haarpracht an allen Stellen ihres Körpers freie Entfaltung gönnt und das Spiel von «falschen» oder «richtigen» Körperstellen nicht mitspielt. Ihre Haare, ihr Körper, ihre Entscheidung und none of your business. Genauso wie dein glatter, nach Pfirsich, Meeresbrise oder Kokos duftender Luxuskörper none of hers ist.

Gemeinsam sind wir stark, und mit Unterstützung und Verständnis (und mehr und mehr Nachhaltigkeit) kommen wir weiter als mit Beurteilung und Lästerei! Was Christina und mich nicht davon abhält, uns liebevoll «Mama Bear» und «Nacktschnecke» zu nennen. Humor hilft nämlich auch.

«Die ist viel schöner als ich!» – Warum das ständige Vergleichen uns unglücklich macht

Wenn Christina und ich uns Mama Bear und Nacktschnecke nennen, so geschieht das vornehmlich, um uns zu foppen. Wir legen am Strand unsere Beine nebeneinander, und sie regt sich theatralisch darüber auf, dass nicht ein einziges erweitertes Pörchen meine strammen Waden ziert.

Kann ja auch nicht: wo keine Haare, da auch keine Haarwurzeln.

Aber mit logischer Schlussfolgerung kann ich ihr nicht kommen. Sie wirft sich in Pose und erklärt mir lautstark gestikulierend, wieso das eine bodenlose Frechheit sei und dass Genetik und Kulturkreis sie einen Scheißdreck interessieren. Ihr Land stecke in einer Dauerkrise, und sie müsse ihr hartverdientes Geld für teure Laserbehandlungen ausgeben, nur um dann statt Stoppeln Pünktchen auf den Beinen zu haben. Meine glatte Haut sei zudem noch seidenweich, und waren das da etwa niedliche Sommersprossen?!

Dass das Drama im antiken Griechenland erfunden wurde, ist hiermit hinreichend bewiesen. Ich öffne den Mund, um zu erwidern, dass ich für meinen haarlosen Körper (danke Mama) und die Sommersprossen (danke Papa) ja nun herzlich wenig könne. Ich schreie ja auch nicht herum, weil ihre Pünktchenbeine gut und gerne anderthalb Meter länger als meine halbasiatischen Haxen sind und in einen Knackpo enden, den Lance Armstrong vor Neid erblassen lassen würde, während bei mir der Genmix den japanischen Flacharsch fröhlich mit der teutonischen Hütte meiner Großmutter gepaart hat. Ich schließe den Mund jedoch wieder, ohne auch nur eine einzige Silbe gesagt zu haben. Gegenworte helfen jetzt herzlich wenig.

Ausschreien lassen, deeskalierend handeln, Ruhe bewahren – meine Stewardessenausbildung von vor dreihundert Jahren ist doch noch zu etwas gut. Ja, ich habe mal als Stewardess gearbeitet. Ihr wollt gar nicht wissen, was ich sonst noch alles an Jobs hatte. Jede Kreativschaffende weiß, wovon ich rede ...

Also schaue ich aufs Meer. Das kann man sich ja nicht oft und lang genug anschauen. So lang muss ich dann aber doch nicht der Wellen Spiel verfolgen, denn meine kleine Nemesis aka Christina beruhigt sich allmählich. Vielleicht entspannt sie mein verträumter Blick auf den Ursprung allen Lebens. Vielleicht ist es aber auch nur mein Doppelkinn, das hat auf viele eine versöhnliche Wirkung.

«Ich hab Hunger», beschließt sie ihren verbalen Ausbruch. «Lass uns was essen gehen.»

Und weil Hunger ein verbindendes Element unserer Freundschaft ist, steuern wir versöhnt eine der vielen Tavernen an.

Wenn das Vergleichen immer so oder so ähnlich vonstattengehen würde, ich würde es als lautstarkes Happening verbuchen und wahrscheinlich sogar als reinigende Erfahrung gutheißen. Aber leider findet der Vergleich sehr viel leiser, einschneidender und permanent statt. Und zwar in unseren Köpfen. Wir vergleichen uns mit dem Bikinimädchen auf dem Werbeplakat, der Hauptdarstellerin des Kinofilms, der Kollegin, der Freundin, der Schwester, mit unserem früheren Selbst. Das ist so sehr unsere gedankliche Routine geworden, dass wir es oft gar nicht mehr merken. Aber die Wirkung ist verheerend.

Denn wir vergleichen uns in der Regel nie mit den vielen, vielen Frauen, die vielleicht noch heftiger kämpfen müssen als wir. Stattdessen sehen wir die schlankere, jüngere, fittere, hübschere Frau und erleben ein permanentes Gefühl von Nichtgenügen, Scheitern und Unzulänglichkeit.

Warum? Weil wir unsere Attraktivität als Bedingung für Glück und Akzeptanz in der Gesellschaft empfinden. Als wären wir wertlos, wenn man uns nicht für anziehend hält. Dabei schulden wir niemandem eine perfekte Hülle. Ob uns jemand attraktiv findet oder eben nicht, hat nichts damit zu tun, dass wir es sind. Schönheit ist ein Konstrukt, eine Meinung. Der gerade vorherrschenden Meinung, was schön ist, vielleicht nicht im Einzelnen zu entsprechen, ist kein Scheitern, sondern Ausdruck unserer Individualität.

Ja, unsere Gesellschaft betrachtet Schönheit als Door Opener, und als attraktiv wahrgenommene Menschen haben erwiesenermaßen Vorteile im Job und Sozialleben, aber ob die Schauspielerin deiner Lieblingsserie nun hübscher ist als du selbst, liegt im Auge des Betrachters und spielt nun wirklich nicht die geringste Rolle für dein eigenes Leben. Genauso wenig wie die Jeansgröße der Kollegin oder das üppige Dekolleté der Kellnerin.

Die Schönheit einer anderen bedeutet nicht die Abwesenheit deiner eigenen Attraktivität. Du befindest dich nicht im Wettbewerb mit anderen Frauen. Anstatt sie als Rivalinnen zu sehen, solltest du sie als deine stärksten Verbündeten gegen den Einfluss der Medien und der Gesellschaft begreifen. Denn wir sitzen alle im selben Booty-Camp.

Leben im stetigen Vergleich macht unglücklich. Weil wir nicht gewinnen können. Wir sind unsere härtesten Richter, und unsere Selbstbeschreibung ist von unendlichen «Zus» durchsetzt: zu dick, zu alt, zu klein, zu blass, zu große Nase, zu kleiner Busen, zu breite Hüften …

Aber zu dick und zu alt in Vergleich zu wem? Zu große Nase statt welch anderem Zierzinken? Zu kleiner Busen für was? Oder wen? Wie wäre es denn damit, einfach mal die «Zus» wegzulassen? Dick, alt, klein, blass, große Nase, kleiner Busen, breite Hüften. Tatsachen statt Bewertungen. Keine dieser Bezeichnungen ist per se wertend. Ja, «dick» ist in unserer Wahrnehmung negativ besetzt, weil es meist gleichgesetzt wird mit «hässlich», «faul», «abstoßend». Wir benutzen den Begriff, um zu beleidigen. Aber genau genommen beschreibt «dick» nur einen Zustand, wie groß, klein oder dünn. Wenn wir gelernt haben, «dick» als negativ zu empfinden, können wir es auch wieder verlernen. Genauso wie den inflationären Gebrauch von «zu». Das erfordert Übung und definitiv Zeit, aber es macht uns wieder frei. Frei von negativen Gedanken und einem Selbstbild, das von Zweifeln und Unzufriedenheit geprägt ist. Wir können nachsichtiger mit uns sein und damit auch mit anderen.

Ich habe gelernt, mich bei jedem Gedanken, der mich oder andere bewertet, abwertet oder verurteilt, selbst zu unterbrechen: «Stopp! Denk das nicht zu Ende, du bist besser als das!» Und es funktioniert. Ich erwische mich zwar nach wie vor bei Gedanken dieser Art, aber ich denke sie bewusst nicht zu Ende, geschweige denn spreche ich sie aus. Und da die Gedanken die Worte beeinflussen, die wir sagen, und unsere Worte wiederum unsere Taten prägen, praktiziert man mit jedem abgebrochenen negativen Gedanken mehr Nachsicht, Selbstliebe und Gelassenheit. Wenn du die Art, wie du Dinge (und dich) betrachtest, änderst, verändern sich die Dinge, die du betrachtest. Und du veränderst dich schließlich auch.

Ich beschreibe mich nach wie vor politisch unkorrekt mit «japanischem Flacharsch» und «teutonischer Hüfte», aber ich sehe an beidem nichts Verwerfliches. So bin ich nun mal gebaut. Und an den Pünktchenbeinen meiner Christina kann ich auch nichts Unattraktives finden. Sie ist nämlich ein ziemlicher Knaller, Pünktchen hin oder her. Und das sage ich ihr dann auch. Zum Dank ernte ich ihr kehliges Lachen, einen Klaps auf den Rücken und einen Ouzo auf ihre Rechnung. Also, wenn das nicht schon Argument genug ist für mehr Nachsicht und Zusammenhalt!

Erziehung und
Selbstwahrnehmung

Neulich zu Weihnachten. Meine Mutter öffnet mir die Tür, und mit einem taxierenden Blick von oben bis unten, bei dem Miranda Priestley von *Der Teufel trägt Prada* vor Ehrfurcht in die Knie gegangen wäre, begrüßt sie mich mit den Worten: «Hast du zugenommen?»

Nicht das, was man als Erstes hören möchte. Oder als Zweites. Oder Drittes. Oder überhaupt. Erst recht nicht von der eigenen Mutter. Und das zu Weihnachten.

Ich entgegne: «Hallo erst mal. Auch schön, dich zu sehen. Und ja.»

Weil es so ist. Weil Leugnen nicht helfen würde. Mütter erkennen, wissen, durchblicken alles. Und weil ich gelernt habe, meinen Frieden mit meinem Jo-Jo-Körper zu machen. Das hat Jahre gedauert und viel Kraft und Geduld gekostet. Und weil ich weiß, was jetzt kommt.

«Sieht man. Komm rein, ich hab Kekse gebacken.»

Willkommen bei mir zu Hause, wo Logik keine Chance hat und Liebe auf mannigfaltigen Wegen daherkommt.

Ich folge meiner Mutter ergeben in die Küche und lasse mir von ihr Kekse servieren.

«Iss. Sind noch warm.»

Ich frotzele, noch leicht beleidigt: «Wieso? Ich hab doch zugenommen.»

«Und?»

«Na ja, Kekse sind bekanntlich aus Zucker und Weißmehl und Butter und noch mehr Zucker, oder?»

«Soll das heißen, du willst meine Kekse nicht essen? Ich stehe hier seit Stunden in der Küche und backe für euch. Ich habe auch noch andere Dinge zu tun, aber ihr wollt ja Kekse zu Weihnachten. Und jetzt doch nicht? Wollt ihr dann auch keine Pute? Wisst ihr eigentlich, wie viel Arbeit so eine Pute macht? *Ich* bräuchte die ja nicht!»

Es folgt die alljährliche Tirade, dass meine Mutter ja nur unseretwegen seit über 40 Jahren Weihnachten feiert, dass dieses christlich-heidnische Mischmaschfest in ihrer Heimat nicht begangen würde und sie auch gerne darauf verzichten könne. Dabei weiß ich, dass sie das niemals könnte. Trotz aller Plackerei bereitet sie uns, also meinem Vater, meiner Schwester und mir und seit einigen Jahren auch meinem Schwager und ihren zwei heißgeliebten Enkelinnen, alljährlich das schönste und köstlichste Weihnachtsfest.

Ich nehme wortlos einen Keks. Er ist tatsächlich noch warm. Und duftet. Und schmeckt köstlich.

«Gut, nicht?»

«Super lecker, Mama. Aber das war ja nicht der Punkt.»

Ich lerne halt auch nie, die Klappe zu halten.

«Was für ein Punkt?»

«Ich hab doch zugenommen. Sollte ich da nicht deiner Meinung nach auf Zucker und Co. verzichten?»

«Aber das ist doch alles bio.»

«Ja, Mama, aber bio heißt ja nicht, dass –»

«Ich hab die gemacht, da ist nur Gutes drin», erwidert sie pikiert.

Ich kaue am zweiten Keks und lass es gut sein. Den Fehler, ihre Logik von «mit Mutterliebe gemacht = kalorienlos = gesund» aufzudröseln und zu widerlegen, mache ich bestimmt nicht. Ich mag zwar renitent sein, aber mit Sicherheit nicht lebensmüde. Es ist mir mittlerweile auch egal. Zu Hause isst man brav, was mit Liebe zubereitet wurde. Und wenn es so köstlich schmeckt wie alles, was meine Mutter zaubert, dann interessieren mich Kalorien auch einen Scheiß. Außerdem hab ich doch nicht damit angefangen!

Ich greife motiviert zu Keks Nummer drei. Und bekomme eins auf die Finger.

«Genug jetzt. Willst du noch mehr zunehmen?»

Dieses Gespräch bietet vielleicht einen kleinen Einblick in die liebevoll schizophrene Welt meiner Kindheit. Und es gibt eigentlich auch äußerst genau meine Haltung zum Essen wieder. Ich bin ständig hin und her gerissen zwischen «Das solltest du besser nicht essen» und «Gönn dir!». Aber dazu später mehr.

In drei Jahren *Schrankalarm* mit fast 150 Kandidatinnen habe ich viele Geschichten über Verletzungen und Kindheitstraumata gehört. Äußerungen wie «Mit deinen kleinen Stampfern solltest du nun wirklich keine Röcke tragen», die ein unsensibler oder grausamer Vater (seine Motivation kann ich nicht beurteilen) seiner damals fünfjährigen Tochter an den Kopf geknallt hat, hatten zur Folge, dass eine knapp vierzigjährige Frau in Tränen ausbrach, weil ich ihr ahnungslos einen Etuirock zum Anprobieren hinhielt. Seit eben jenem Tag hatte sie weder Röcke noch Kleider getragen. Bis *Schrankalarm* kam!

Oder dass eine umwerfende junge Frau mit einer Figur zum Niederknien partout nicht auffallen wollte, weil man ihr zu Hause immer gesagt hatte, sie solle mit ihren breiten Schultern lieber nicht zu viel Aufmerksamkeit erregen. Und das sind nur zwei von vielen, vielen Geschichten.

Nicht immer ist es das Elternhaus, manchmal wird der Schaden erst in der Schule oder durch den Partner angerichtet. Was bleibt, ist die Erkenntnis, dass zarte Kinderseelen schnell und nachhaltig verletzt werden können, oft reicht eine unbedachte Bemerkung schon aus. Denn Eltern sind mehr als Vorbilder, sie sind das Maß aller Dinge.

Und so können nicht nur Worte verletzen. Wenn ungesunde Verhaltensweisen vorgelebt werden, adaptieren Kinder diese. Die Mutter, die vorm Spiegel steht und abschätzig über ihren eigenen Körper spricht: «Ich bin so fett geworden.» Oder die sagt: «Heute gibt es keinen Nachtisch, du wirst sonst noch kugelrund!»

Ich will niemandem vorschreiben, wie sie ihre Kinder zu erziehen haben. Aber ich habe in den letzten Jahren mit vielen verletzten «Kindern» zu tun gehabt. Der Stachel sitzt tief. Man kann und wird nicht immer alles richtig machen, und das ist okay so. Aber man kann ein Bewusstsein dafür entwickeln, wie schnell aus einer Bemerkung, einem Witz oder eigener Unsicherheit ein lebenslanges «Päckchen» wird, und es zu vermeiden versuchen. Das gilt im Übrigen nicht nur für Äußerungen über das Aussehen.

Meine Eltern haben mir in dieser Hinsicht zum Glück keine «Macke» verpasst. Ich wurde immer unterstützt und mit Liebe behandelt. Als ich im Alter von neun Jahren anfing, Brüste zu entwickeln, haben sie mir kein Gefühl von Scham vermittelt.

Meiner Mutter war (und bin) ich oft zu laut und redselig. Sie ist Japanerin, und in ihrer Kultur gilt das als wenig schicklich für Frauen. «Urusai», der Ausdruck für «zu laut», war wohl die meistgehörte Ermahnung meiner Kindheit. Sie erzog meine Schwester und mich zu kultivierten Frauen, vielleicht ein wenig zu sehr mit dem Fokus darauf, zu gefallen und nicht unangenehm aufzufallen. Was ja an sich nichts Schlechtes ist. Erst recht nicht für eine Frau ihrer Generation und ihrer Herkunft. Aber Selbstbestimmung, Stärke und Charakter kommen meist nicht so gefällig daher. Als ich in der Pubertät ins andere Extrem rutschte und alles unternahm, um zu provozieren und ja nicht zu gefallen, ertrug sie es still und ließ mich nicht fallen.

Mein Vater sah das alles immer etwas entspannter und stärkte mir oft den Rücken, aber fairerweise muss man sagen, dass meine Mutter mich tagtäglich zu ertragen hatte, während mein Vater oft beruflich unterwegs war.

44

Erst Jahre später habe ich realisiert, was meine Mutter eigentlich für ein Bad Ass gewesen sein musste, um sich in den sechziger Jahren im traditionellen Japan zu emanzipieren, ein Auslandsstipendium in Berkeley, Kalifornien, zu ergattern, das vertraute Heim zu verlassen und in der Fremde studieren zu gehen, während ihre Freundinnen alle heirateten und Kinder bekamen. Sie ging nie wieder zurück, wurde Malerin und Journalistin und zog zwei Töchter groß, während sie eine neue Sprache lernte und mit den Vorurteilen spießiger Deutscher zu kämpfen hatte, die sie entweder für eine Katalogbraut aus Thailand oder die Nanny hielten.

Heute ist meine Mutter mein großes Vorbild, so wie mein Vater mir mit seiner Offenheit, Toleranz und Neugier eine Leitfigur ist. Beide haben mich zu einer selbstbewussten und selbstbestimmten Frau erzogen, die jedem mit Freundlichkeit und Neugier begegnet, ohne zu verurteilen. Aber die auch niemandes Bullshit akzeptiert. Meine Eltern sind immer voller Stolz über meine Projekte und unterstützen mich in allen Lebenslagen.

Ja, meine Mutter triggert heute noch ab und zu mein Gewicht. Vielleicht weil es nicht in das Bild der allgemein akzeptierten Norm passt. Weil sie selbst auch Schönheit mit Schlankheit verbindet. Und weil sie sich möglicherweise für mich wünscht, von allen mit Respekt und Wohlwollen behandelt zu werden. Dann muss ich ihr das Gefühl vermitteln, dass ich schon ganz gut klarkomme und es für mich vollkommen okay ist, wenn mich nicht jeder mag.

Genau genommen ist sie fast die Einzige, die mich noch mit einem Kommentar oder Blick kriegt. Aber solange sie mir Kekse für den Heimweg einpackt, kann ich sehr gut damit leben.

Body Shaming und
Social Media

*U*nd so kommen wir zu einem Thema, das definitiv nicht neu ist, aber heute dank Internet und Social Media immer aberwitzigere Blüten treibt: das Verurteilen anderer aufgrund ihrer körperlichen Erscheinung. Unter dem Deckmäntelchen der Anonymität wird gehated und böse kommentiert, gehetzt und beleidigt, was das Zeug hält. Ich bin tatsächlich wahnsinnig froh und dankbar, dass ich noch in einer relativ «unbeobachteten» Zeit groß werden durfte, mit liebevollen Eltern und außerdem einem Freundeskreis, der wild durchmischt war, was Ethnien, Religion und Kleidungsstile anbelangt, und der mich nicht zuletzt deswegen immer unterstützte.

Meine alte Schulfreundin Revital (also, sie ist nicht alt, sie ist ein heißer israelischer Feger, unsere Schulzeit ist nur schon echt was her) meinte bei einem unserer letzten Treffen mal zu mir: «Du bist in der Schule immer wild und sexy, teilweise sehr leichtbekleidet rumgelaufen, mit deinem starken Augen-Make-up und den frechen Sprüchen auf den Lippen, aber keine von uns hat dir das übelgenommen oder dich blöd gefunden, denn du warst immer zu jedem freundlich und hast auch niemanden verurteilt.»

Das hat mich sehr berührt. Und auch darin bestätigt, wie ich es damals wahrgenommen habe. Unterschiedlichste Mädchen, von Chucks tragenden Surfer Girls über stylische Poppermädchen bis hin zu denen, die sich aus Mode gar nichts zu machen schienen, dazwischen ich in schwarzem Emo-Stripper-Look, die Halbjapanerin inmitten eines Straußes algerischer, französischer, amerikanischer, karibischer, israelischer, russischer, deutscher und thailändischer Blumen, und doch haben wir uns verstanden und nicht gemobbt.

Das war mein Glück, so bin ich gesund durch die Schulzeit gekommen. Wenn ich überlege, was heute passieren würde, wenn eine Sechzehnjährige mit schwarzgefärbtem Bob und Killeraugenbrauen, in Spitzen-BH, Mesh-Oberteil und einer Jeans, die nur noch von den Seitennähten zusammengehalten wird, auf Megaplateaus über den Pausenhof staksen würde … Da werden Schüler schon für viel weniger gemobbt und angefeindet. Mit grausamen Folgen.

Bis Ende zwanzig war ich immer schlank, mit großem Busen. Ich wurde also von Fat Shaming und Anfeindungen wegen meines Gewichts verschont. Stattdessen wurde mein frühreifer Körper sehr früh sexualisiert und meine offensive Art, mich zu kleiden – Verstecken war noch nie mein Ding – oft fehlinterpretiert und missverstanden. Das führte zu ein paar unschönen Erlebnissen, aber dank des Schutzes durch mein Umfeld hat zumindest mein Selbstbild dadurch keinen Schaden genommen. Stattdessen bin ich daran gewachsen.

Meine ersten Erfahrungen mit Anfeindungen machte ich, von einer toxischen Beziehung mit Mitte zwanzig abgesehen, erst mit Anfang dreißig. Als ich Manuel, meinen Mann, kennenlernte, war ich 31 und er 26 (was er mir zunächst verschwieg). Er hatte in mehreren großen TV- und Kinofilmen gespielt, mir kam er aber nur irgendwie als heißblütiger Latino aus der Chio-Chips-Werbung bekannt vor. Nach ersten Irrungen und Wirrungen wurden wir ein Paar. Dann kam *Verliebt in Berlin*. Und der wuselige kleine Spanier (der eigentlich Portugiese ist) wurde über Nacht berühmt. 39 Prozent Einschaltquote (wovon die Sender heute nur noch träumen können), jeden Wochentag von Millionen von Menschen gesehen und als sympathischer Rokko Kowalski ins Herz geschlossen, wie er um die Liebe eines hässlichen Entleins buhlte.

Plötzlich konnten wir nicht mehr unbeachtet über die Straße gehen, geschweige denn in den Supermarkt oder zu IKEA. Und meine Wenigkeit rückte in den Fokus der Aufmerksamkeit hartgesottener Fans. Auch hier hatte ich Glück – Facebook, Instagram und Co. existierten noch nicht, und MySpace wurde nicht so exzessiv genutzt. Aber es gab Foren. Fanforen. Und ich beging den Fehler, mir einige der Chats anzusehen. Was ich da über mich lesen musste, von Menschen, denen ich nie begegnet war, ließ meine Ohren schlackern. Von den wenigen Pressebildern, die von uns als Paar existierten, wurden die abstrusesten Sachen abgeleitet: über meine Figur (zu dem Zeitpunkt trug ich Kleidergröße 38), mein Alter und mein Gesicht, das nach intensiver Analyse dieser Damen bis zur Unkenntlichkeit operiert sein musste. Ich hatte noch nie mit so viel geballter Ablehnung zu tun gehabt. Von wildfremden Menschen. Ich habe nie wieder eine dieser Seiten besucht.

Ich erholte mich, denn Gott sei Dank war ich zu dem Zeitpunkt schon über 30 und in meinem Selbstbild gefestigt, aber geschmerzt hat es trotzdem. Jahre später, als ich durch die Arbeit vor der Kamera mit *Schrankalarm* wieder in den Fokus der Öffentlichkeit rückte, und diesmal mit der geballten Aufmerksamkeit der sozialen Medien und des Internets, war ich gewappnet. Die Kommentare auf den *Schrankalarm*-Seiten, die sich über mein Makeup, meine Looks und meine Figur echauffierten, habe ich höchstens mal überflogen.

Ich lese bis heute keine hetzerisch geschriebenen «Artikel» auf Gossip-Seiten, Hate-Nachrichten lösche ich sofort und blockiere die Absender. Ich lasse diese Art von negativer Energie gar nicht erst an mich herankommen. Und ich bleibe selbst positiv und respektvoll in meinen Äußerungen. Großartigerweise zieht das in der Regel tolle Frauen in meine Community, die auch mal kritisch, aber niemals respektlos kommentieren, meist sogar sehr unterstützend schreiben.

Aber was man auf anderen Seiten mitunter zu lesen bekommt, ist haarsträubend. Da ich einigen starken und wunderschönen Frauen folge, die sich für ein gesundes und positives Körperbild jenseits der Kleidergröße 36 starkmachen, komme ich nicht umhin, die teils harten und meist respektlosen Kommentare zu lesen, denen sie ausgesetzt sind, nur weil sie es wagen, sich selbst anzunehmen, wie sie sind, und sich auch mal im Bikini oder Sportdress präsentieren. Es ist beschämend und übergriffig. Genauso ergeht es aber auch einigen sehr schlanken Frauen, denen ähnlich hasserfüllte Kommentare entgegengeschleudert werden. Fat Shaming, Skinny Bashing – am Ende des Tages ist kein Körper vor Anfeindungen geschützt.

Das für mich Erschreckendste dabei: Die Kommentare kommen hauptsächlich von anderen Frauen! Der Ursprung all dieses Hasses ist ja deren eigene Unzufriedenheit über ihren Körper, ihr Leben. Confident women don't hate. Und wenn sie Accounts von Frauen entdecken, die entweder so schlank/schön/erfolgreich/sexy/glücklich liiert sind, wie sie es gerne wären, oder Frauen, die es wagen, fett *und* glücklich/schön/erfolgreich/sexy/glücklich liiert zu sein, triggert es ihr Aggressionszentrum und leider auch ihre Fingerspitzen, die oft nicht schnell genug tippen können.

Ab und zu verirren sich solche Trolle auch mal auf meinen Account. Ich versuche dann immer, mit Verständnis und Höflichkeit zu reagieren, und hinterfrage, was um Gottes willen diejenige so an einer Fremden gereizt hat, dass sie sich derart provoziert fühlte. Die Reaktionen auf eine solche Antwort sind oft interessant. Während *Schrankalarm*-Zeiten habe ich es sogar mal geschafft, eine hartnäckige Haterin auf Facebook «umzudrehen». Unter jeden Outfit-Post setzte sie einen hasserfüllten Kommentar, warum der Look so gar nicht ginge und gerade ich ihn sowieso nicht tragen könnte/dürfte. Als wäre ich in einer *Shopping-Queen*-Dauersendung gefangen, in der ich auf keinen Fall Punkte bekommen dürfte. Ich reagierte mit Nichtbeachtung. Während jeder andere Kommentar von mir eine Antwort oder zumindest ein Like erhielt, war ihre Beurteilung Luft für mich. Eines Tages las ich dann ein müdes «Der Look ist okay», und sie bekam ihr erstes Like von mir. Seitdem wurden die Kommentare von Tag zu Tag wohlwollender ...

Natürlich ist es weder praktisch machbar noch erstrebenswert, jeden Hasskommentar zu kommentieren oder zu bewerten. Im Interesse des Selbstschutzes gibt es da nur die Option des Löschens und Blockierens. Meine Reise zu mir selbst von Kleidergröße 36 zu 44 wäre ohne diese Maßnahme kaum möglich gewesen.

Wenn du dich auch auf dieser Reise befindest – zu welcher Kleidergröße oder welchem Thema auch immer – und dein Reiseziel Selbstakzeptanz heißt, dann habe ich hier noch einen weiteren Tipp für dich: Wem du in den sozialen Medien folgst oder besser nicht, hat maßgebliche Auswirkungen auf dein Befinden. Instagram und Co. können Selbsthilfe oder Selbstverletzung sein. Die Entscheidung liegt bei dir. Wenn dich die unzähligen gertenschlanken, durchtrainierten, trendy gekleideten oder sexy unbekleideten Mädchen mit perfekter Frisur und Schmolllippen stressen und dir ein Gefühl der Unzulänglichkeit vermitteln, dann folge ihnen einfach nicht mehr und fülle deinen

Feed stattdessen mit den vielen Frauen und Accounts, die dich bestärken und dir ein gutes Gefühl geben. Davon gibt es sehr viele, und die Community wächst!

Nutze Instagram zum Connecten und Unterstützen. Um passende Accounts zu finden, lohnt es sich, nach Hashtags zu suchen anstatt nach Profilnamen:

#selflove

#bodypositive

#womensupportingwomen

#strongertogether

sind nur einige der vielen Möglichkeiten, tolle Konten zu finden.

Auf geht's, beautyful! Und vielleicht bis gleich?

Teil 2

Frauenkörper. Jeder ist einzigartig

Der Strand

Bis zu meinem fünfzehnten Lebensjahr gehörte mein Körper mir. Ich mochte ihn, betrachtete mit einiger Faszination meine Brüste, die nicht aufhören wollten zu wachsen, und machte mir ansonsten vergleichsweise wenig Gedanken darüber. Bis zum Italienurlaub mit meinen Freundinnen.

Jeden Tag wackelten wir vergnügt zum Strand des kleinen süditalienischen Örtchens, jung, knackig und strahlend. Unter begeisterten Zurufen der männlichen Dorfjugend und dem Lärm ihrer Vespahupen. Gegen Mittag gingen dann eine oder zwei von uns über die Promenade, um Wasser, Brot, Philadelphia und frische Tomaten zu kaufen. Unser Mittagessen, dessen Einfachheit eher unserem begrenzten Urlaubsbudget geschuldet war als irgendeinem Diätgedanken und köstlich schmeckte.

An einem Tag lief ich alleine zum kleinen Supermarkt rüber, die Mittagshitze knallte mir auf meinen Sonnenhut. Ich hatte mir nur kurz meine Jeansshorts übergezogen und wollte gerade die Straße überqueren, als mich ein Carabiniere anhielt.

«Ma che cosa fai?! Devi mettere qualcosa!»

Es folgte eine lange und lautstarke Tirade, in die sich dann schnell noch einige Passanten einmischten. Ich hätte mir gewünscht, kein Italienisch zu verstehen. Dann wäre diese Szene mir höchstens als lustig-chaotischer Ausdruck südländischen Temperaments in Erinnerung geblieben. Doch leider verstand ich jedes Wort: Ich hätte mir etwas über mein Bikinioberteil (und wir sprechen hier nicht von einem winzig kleinen Nippelschutz) ziehen müssen, meine Erscheinung sei reine Provokation und könne sogar Auffahrunfälle verursachen, da ich die überwiegend männlichen Verkehrsteilnehmer vom Straßenverkehr ablenken würde. Wohlwollende Herren schalteten sich ein mit Aussagen wie «Lass das Mädchen doch, es ist eine pure Freude, sie zu betrachten, diese Jugend, diese Schönheit, dieser Körper!» Kein richtiger Mann würde da doch etwas dagegen haben wollen! Warum ich überhaupt eine Jeansshorts tragen würde, ich müsste nun wirklich nichts verstecken usw. Einige Damen hatten auch noch etwas zu sagen: Es gehöre sich nun mal nicht, halbnackt in der Stadt herumzustolzieren (wie gesagt, ich wollte lediglich die Straße überqueren) und sich etwas auf einen straffen Körper einzubilden, der nur der Jugend geschuldet wäre.

Ich blieb stumm, verunsichert und verwirrt, die Arme über meiner Brust des Anstoßes verschränkt. Nach einiger Zeit wurde ich schließlich weitergewunken und an die Supermarktbesitzerin entlassen, die mir kopfschüttelnd und augenrollend tröstend auf den Rücken klopfte und mir meinen Einkauf ausgab.

Zurück blieb eine verstörte Fünfzehnjährige, der schlagartig bewusst wurde, dass ihr Körper keineswegs nur ihr gehörte. Er war Anschauungsmaterial für jugendliche und erwachsene Männer, Stein des Anstoßes für jede Frau über zwanzig oder mit anderem Bodytype und sogar verkehrsgefährdend. Und die Schuld dafür lag bei mir, weil ich zu wenig, zu viel, das Falsche anhatte, zu selbstbewusst dabei war und zu gedankenlos. Zum ersten Mal schämte ich mich für meinen Körper. Und das Gefühl sollte mich lange nicht verlassen.

Selbst als ich begann, mich extra provokativ anzuziehen, sexy, aber nicht gefällig, in Schwarz, Leder und Mesh, Katzenhalsbänder und Make-up trug, das «Don't mess with me» statt «Bin ich schön?» schrie – am Strand blieb ich emotional fünfzehn und gefühlt unter ständiger Beobachtung. Noch Jahre später entfernte ich mich keinen Schritt von der Sonnenliege, ohne mich in Pareos oder Handtücher zu hüllen. Erst, weil ich nicht zu viel Aufmerksamkeit mit meinem jugendlich straffen, vollbusigen Körper erregen wollte, später, weil er eben nicht mehr so straff und jugendlich war. Wochen vor dem Strandurlaub wurde gehungert und diätet, was das Zeug hielt, aber unabhängig vom schwankenden Resultat verhüllte ich mich trotzdem. Meine vermeintliche Außenwirkung bestimmte meinen Look und darüber hinaus mein Selbstbild: Zu sexy und provokativ und dann irgendwann nicht mehr sexy, perfekt genug? Ein Teufelskreis. Bis ich die Schnauze voll hatte.

Ich liebe das Meer, auf den Horizont zu schauen und die Gedanken schweifen zu lassen, das Geräusch der brechenden Wellen – nirgendwo kommt meine Seele besser zur Ruhe, bin ich mehr bei mir. Spielt es da eine Rolle, was ich trage oder eben nicht trage? Was andere Menschen davon halten, wie ich aussehe, wenn ich vergnügt in die Wellen springe oder gedankenverloren an der Brandung sitze? Nein, verdammt!

Also hörte ich auf mich zu verhüllen. Keine Sorge, ich bekleide mich durchaus auf dem Weg zum Strand oder ins Beachrestaurant, ich weiß, was Anstand ist. Und habe auch immer meine japanische Mutter im Hinterkopf, die sofort empört den Kopf über ihre schlecht erzogene Tochter schütteln würde. Die Pareos sind noch immer mit dabei, aber dienen mittlerweile als Kopfstütze oder Sonnenschutz, wenn ich mich nach dem Baden nicht sofort eincremen will. Ich faules Stück mit hoher Sonnentoleranz …

Eine sehr erfrischende Erkenntnis ist, dass es die anderen Strandbesucher nicht annähernd so zu interessieren scheint, wie ich am Strand aussehe, wie ich immer vermutet hatte. Sicher, die einen oder anderen werden sich ihre Gedanken machen, ein Urteil fällen, aber das kriege ich nicht mit. Wenn ich doch den ein oder anderen Blick bemerke, bilde ich mir ein, dass sie gucken, weil ihnen gefällt, was sie sehen. Ich habe mir angewöhnt, immer erst vom Positiven auszugehen.

Dieser Prozess, wieder an den Punkt zu kommen, als man gedanklich noch frei war und sich von der Meinung anderer nicht hat beirren lassen, zu verlernen, was sich durch die eine oder andere Erfahrung ins Bewusstsein gebrannt hat, ist nicht leicht. Dafür müssen wir ordentlich aufräumen in unseren Köpfen – der einzigen und hartnäckigsten Problemzone.

Ein Aufräumen, das sich oft wie Wäschewaschen anfühlt. Grade ist man fertig geworden mit dem riesigen Haufen Schmutzwäsche, hat alles getrocknet und weggeräumt, schon ist der Wäschekorb wieder voll. Man darf sich zwischendurch ärgern und frustriert schnauben, aber wie beim Wäschewaschen ist Aufhören keine Option. Man kann mal was länger liegen lassen, Sachen noch mal anziehen und mit Febreze drübergehen, aber am Ende wäscht man es doch. So funktioniert auch der Weg zu mehr Selbstliebe (vielleicht weniger geruchsintensiv).

Ich werde daher unbeirrt weiterwaschen und meine Etappenziele feiern. Eins davon ist, mich am Meer wieder vergnüglicheren Dingen als meinem Bikinibody zu widmen. Manchmal ist das noch immer hart. Und eher eine Entscheidung als ein natürliches Gefühl. Aber es hat mir meinen Strand zurückgegeben.

Der rote Teppich und
andere Orte mit übersteigerter
Selbstwahrnehmung

Kaum hatte ich den Strand wieder zurückerobert, hatte ich mich einer neuen Herausforderung zu stellen: dem roten Teppich. Leute, das wird nie mein natürlicher Lebensraum sein. Dreißig Jahre lang hatte ich mit diesem exotischen Plätzchen keine Berührungspunkte, welch schöne, ahnungslose Zeit ... Bis ich mich in einen hübschen Lockenkopf verliebte, der mich mitnahm in eine Welt voller Glitter, Flitter und Vorurteile.

Was anfangs zwar befremdlich, aber noch aufregend anmutete, wurde mit der Zeit zu einer echten Zerreißprobe für mich. Nun müsst ihr euch den roten Teppich als einen Mikrokosmos vorstellen, so weit entfernt von der eigenen Komfortzone wie Oimjakon, der kälteste bewohnte Fleck der Erde, von einem Wellnessparadies: wahnsinnig hell beleuchtet, unglaublich hektisch, überfüllt und laut, eine Hürde, die es zu nehmen gilt, bevor man zum eigentlichen Event vordringt. Shuttle für Shuttle hält vor dem Eingang, spuckt einen Star nach dem anderen aus, hoffnungsvolle Sternchen und Funken, die nach einer Staffel eines Reality-TV-Formats kurzzeitig für eine Saison glimmen. Und die Plus-Einsen wie ich, zumindest bis ich mir mit einer eigenen TV-Sendung eine gewisse Eigenberechtigung «erarbeitet» hatte.

Der Manager nimmt einem Mantel und andere Dinge ab, die auf dem Bild nur stören würden, und dann steht man da, im Winter noch dazu frierend, wie in der Warteschlange an der IKEA-Kasse, die ja auch gerne mal überfüllt und unorganisiert ist. Es wird geschubst und gedrängelt, aber bitte immer lächeln, man will ja einen guten Eindruck machen. Und wenn der Shuttle eine besonders «wichtige» Person ausgespuckt hat, wird diese geschäftig durch die Reihen nach vorne geschleust, schließlich sind wir «Promis» ja ordentlich nach Wichtigkeit von A bis Z durchbuchstabiert. Wobei «wichtig» je nach Veranstaltung und aktueller Presse variiert, da kann es auch mal ein Sternchen treffen, das gerade eine Männer-, Model- oder Sternesuche für sich entschieden oder sich höchst prominent und schlagzeilenträchtig verbunden hat.

Merkt ihr, was hier geschieht?

All die mehr oder weniger glücklichen Teilnehmer dieses Red-Carpet-Wettbewerbs werden entmenschlicht, selbst in meinen Formulierungen. Da stehen nicht mehr Veronika, Florian, Evelin und Mark in schönen Roben und Anzügen auf dem Teppich, sondern Marktwert gegen Status, aktuelle Tagespresse gegen neuesten Skandal. Und sexy Körper gegen, na ja, nicht ganz so sexy Körper eben. Der Tod für jede Person, die sich um mehr Selbstliebe und ein gesundes Selbstbewusstsein bemüht.

So stehen wir alle also da, in einem gemeinsamen Schicksal vereint, das wir mehr oder weniger gut verkraften, und warten, bis wir an der Reihe sind. Denn dann geht der Spaß ja erst richtig los: An der ersten «Station» sich in Pose werfend, bewegt man sich jetzt, bis zum Kiefernkrampf lächelnd, Zentimeter für Zentimeter Richtung Erlösung, wo hoffentlich Spaß und Alkohol auf einen warten. Wenn man als Paar posiert, kann man sich immerhin noch aneinander festhalten, alleine hilft nur ein durchgedrückter Rücken und jede Menge vorgespielte Fröhlichkeit. Dabei wird man die ganze Zeit angeschrien von einer Horde Fotografen, die auch nur ihren Job machen. Aneinandergequetscht und übereinandergestapelt buhlen sie um deine Aufmerksamkeit, schreien, in welche Linse man zu gucken hat – als Paar bitte gleichzeitig in dieselbe –, enger rücken, Händchen halten, Bussi auf die Wange und lachen. Lachen. Noch mehr lachen.

So lustig finde ich die ganze Angelegenheit aber nicht, erst recht nicht, wenn ich dabei angeschrien werde. Ich lasse mich generell ungern anschreien. Lärm ist ja nicht so meins. Kommt noch vor Gestank. Und «Gudde Laune!» auf Knopfdruck. Jede Faser meines dickköpfigen, gehörnten Sternzeichens stellt sich da vor Trotz auf. Dabei ist das Schreien ausschlaggebend, es zeigt Interesse. Je weniger geschrien, je kürzer der Auslöser betätigt wird, desto weniger «wichtig», relevant oder tagesaktuell bist du grade. Daran sind schon einige zarte Künstlerseelen zerbrochen. Kommt das bei uns oder mir mal vor, bin ich immer eher erleichtert, aber ein leichter Hauch der Enttäuschung lässt sich trotzdem nicht verleugnen. Die schizophrene Welt des roten Teppichs. Weil ich dann kurzzeitig auch gefangen bin in diesem Paralleluniversum der Medien, fotografiert, ergo «geschätzt», für «wichtig» gehalten, «gemocht» werde. Ausgemachter Blödsinn selbstverständlich, aber ich sag euch, im Oimjakon der Teppichwelten verliert man schnell den Bezug zur Realität.

Früher hat mich das noch viel mehr gestresst. Mit Manuel als prominentem Partner an meiner Seite wild abgelichtet, alleine dann schon eher höflich abfotografiert und von meterlangen Beinen in sexy «Hauch-von-Nichts»-Roben abgedrängt ... Jedes noch so gesunde Selbstbewusstsein zieht da den Schwanz ein. Aber die Zeit und die Arbeit an mehr Selbstliebe haben mich entspannter gemacht. Am Ende ist es ein Business. Die Fotografen knipsen motivierter, wenn sie wissen, dass sie das Bild gut verkaufen können. Und für die Presse muss es eben ein hochgehandelter Name sein, eine frische Lovestory, ein Babybauch, ein Skandal, das gängige Schönheitsideal oder eben nackte Haut. Und diese Parameter nicht permanent bedienen zu müssen, ist mir dann doch lieber als der lauteste Schrei am roten Teppich.

Ich bin auch immer weniger bereit, den Aufwand zu betreiben, der nötig ist, um Red-Carpet-ready zu sein: immer ein neues Outfit (das man sich jenseits der Mustergrößen von 34/36 der Designer nicht mal eben ausleihen kann), Haare perfekt frisiert und aufwendiges Make-up, im Bestfall vorweg noch ne Maske, Maniküre und Pediküre für *einen* Schaulauf. Wer hat Zeit, Geld und Nerven für so was? Ich definitiv nicht, ich verbringe meine Zeit lieber mit anderen Dingen und tollen Projekten oder mache mich für Menschen und Gelegenheiten schön, die das Ergebnis mehr zu schätzen wissen.

Diesen Teil meines Jobs sehe ich inzwischen eher als Pflicht, er macht vom gesamten kreativen Prozess meiner Arbeit am wenigsten Spaß. Aber meinen Selbstwert messe ich schon lange nicht mehr daran. Also verlasse ich bei meinen Pflichtauftritten regelmäßig meinen Körper und nehme schon mal mental gemütlich einen Drink an der Bar, während meine Hülle noch verkrampft im richtigen Winkel von Position zu Position hüpft.

Und dabei ist der rote Teppich ja nur die konzentrierte Form, das Serum unter den Pflegeprodukten des Lebens in der Öffentlichkeit. Wobei das jetzt leicht größenwahnsinnig klingen mag. Ich bin ja nun beileibe nicht Angelina Jolie, die keinen Schritt ohne weltweite öffentliche Aufmerksamkeit gehen kann. Dafür bin ich auch unendlich dankbar, denn ich wäre schon alleine mit dem Job als UN-Botschafterin, dem hässlichen Scheidungskrieg mit Brad und dem Adoptieren von vier bis 16 Kindern restlos überfordert. Doch genug der Häme, worauf ich hinauswill, ist, dass mir die Liebe zu einem prominenten Mann und – was mir noch viel wichtiger ist – die eigene Arbeit in den Medien das Licht der Öffentlichkeit beschert hat. Und dass ich, zumindest zu Beginn, recht blauäugig die ganze Nummer gehörig unterschätzt habe.

Ich bin nicht schüchtern, nie gewesen, ich fühle mich wohl vor der Kamera. Wobei ich beim Bewegtbild so entspann bin, weil ich authentisch sein und mich durch manche Situation auch einfach durchquatschen kann, während ich bei Fotos, bei aller Routine mittlerweile, noch immer etwas gehemmter bin, weil es da «nur» um das Aussehen geht. Und auf den Mund gefallen bin ich auch nicht. Aber dass mich seit mittlerweile fast 15 Jahren regelmäßig wildfremde Menschen nach meinem Beziehungsstatus fragen, nach Kinderwunsch, Fruchtbarkeit und Ehelosigkeit (was für ein Begriff!), dass mein schwankendes Körpergewicht sorgfältig auf Pressebildern dokumentiert wird und dass Fragen nach all diesen erwähnten Dingen immer häufiger gestellt werden als Fragen zu meinen nächsten Projekten oder Dingen, die mich tatsächlich bewegen oder ausmachen, daran werde ich mich in diesem Leben nicht mehr gewöhnen.

Nicht zuletzt deswegen ist die Arbeit an Selbstliebe und einem gesunden Selbstwertgefühl so wichtig für mich geworden. Damit ich ein geschmeidiges inneres «Fuck you» parat habe, wenn die nächste Fragerunde ansteht.

Jetzt werdet ihr vielleicht nicht über die roten Teppiche dieser Welt gescheucht oder von der Presse zu den ewig gleichen Themen befragt, aber unangenehme Situationen wie einen Jobwechsel, ein Arbeitsklima voller Bewertungen und hämischer Kommentare, das Aufeinandertreffen mit der Familie des Partners, der ihr nicht ins Bild passt, oder Familienfeiern mit heiklen Fragen zu Heirat, Kinderwunsch, Gewicht werden die meisten von euch sicherlich auch gut kennen. Zu lernen, sich da zu behaupten und im

Frieden mit sich zu sein, ist essenziell, um sich von der Wahrnehmung anderer nicht bestimmen zu lassen und seelisch wie mental gesund zu bleiben.

Aber wie geht das?

Gewicht – Dein Körper ist nicht das Problem

Eine ganz wichtige Lektion, die ich mit den Jahren gelernt habe, ist, dass Schlanksein nicht gleich Glücklichsein bedeutet. Das habe ich sehr lange geglaubt. Und angefangen, wie wild Diät zu machen, als mein schlanker Körper mit Mitte zwanzig anfing, sich zu verändern. Plötzlich konnte ich nicht mehr alles in mich hineinstopfen und Sport Sport sein lassen, eine Aktivität, die mir als Teenie so fremd war wie das Sing-Sing-Ritual aus Papua-Neuguinea. Anstatt zu begreifen, dass sich ein Körper mit den Jahren nun mal verändert und daran nichts Schlimmes zu finden ist, wertete ich die Gewichtszunahme – von Kleidergröße 34 auf 38, ich wünschte, ihr könntet mich jetzt lachen hören – als persönliches Versagen und Strafe für die Faulheit der letzten Jahre.

Denn bis zu meinem sechzehnten Lebensjahr hatte ich aktiv getanzt, es aber mit Einsetzen der Pubertät mehr und mehr als uncool empfunden. Heute gehören die Tänzer in meinem Freundeskreis mit zu den coolsten Socken, die ich kenne, und die Dinge, die sie mit ihren Körpern anstellen, versetzen mich jedes Mal aufs Neue in Entzücken, aber was im Kopf eines pubertierenden Teenagers vorgeht, vermag wohl niemand so recht zu sagen. Und ganz bestimmt nicht der Teenager selbst.

Kennt ihr den Spruch «Ich wünschte, ich wäre so dick wie das erste Mal, als ich gedacht habe, ich wäre dick»? Diese Erkenntnis hätte mir vielleicht einigen Quatsch, den ich gemacht, und Schmerz, den ich erfahren habe, erspart. Andererseits wünschte ich vielmehr, ich wäre so klug gewesen, wie ich es jetzt bin. Dann hätte ich die Veränderung meines Körpers als einen natürlichen Prozess verstanden. Geschätzt, dass ich nicht mehr ständig fror und seltener umkippte wegen meines niedrigen Blutdrucks. Ich hätte gesehen, dass sich meine Proportionen langsam anglichen und ein großer Busen zu einem fülligeren Körper ein harmonisches Bild ergibt.

Stattdessen ließ ich meine Brust mit 23 operativ verkleinern, damit sie nicht mehr so auffällig von meinem dünnen Körper abstand. Diese Diskrepanz hatte schon zu viel unerwünschte Aufmerksamkeit erregt und mir einen bleibenden Rückenschaden beschert. Dinge, die passieren können, wenn deutsche Gene auf einen japanischen Bodytype treffen … Und ich begann, Diät zu halten: Ananasdiät, Semmeldiät (ja, Weißbrot zum Abnehmen war tatsächlich mal ein Ding), Blutgruppendiät, Low Fat / High Carb. Richtig gelesen – als in den Achtzigern der Zusammenhang zwischen Cholesterin und Herzkrankheiten entdeckt wurde, lagen diese Formen der Diät voll im Trend. Gleichzeitig begann die Welle der Light-Produkte in die Supermärkte zu schwappen. Und ich war ganz vorne mit dabei. Fett war mein Todfeind. Wie viel Zucker, Maissirup und Salz ich stattdessen mit diesen Lightprodukten in mich hineingeschaufelt habe, vermag ich mir nicht vorzustellen. Bis heute habe ich eine Affinität zu Süßstoffen jeder Art.

Und da ich nun mal kein Freund von Disziplin war und bin und einfach zu gerne esse, hielt ich natürlich keine Diät durch. Das spielt aber letztendlich keine Rolle, denn selbst wenn ich jede Diät eisern durchgezogen hätte, hätte der verfluchte Jo-Jo-Effekt so oder so nie lange auf sich warten lassen.

Dann, mit 31 Jahren und Kleidergröße 38, lernte ich Manuel kennen. Wir wurden ein Paar, und nur wenig später stellte er mir eine Frage, die ich so noch nie von einem Mann gehört hatte: «Sag mal, wie lang nimmst du eigentlich schon die Pille?»

Ich hatte keinen blassen Schimmer und musste erst mal nachzählen.

«Weiß nicht, vielleicht seit 14, 15 Jahren? Wieso?»

«Hast du mal darüber nachgedacht, was du deinem Körper damit antust? Du stopfst Hormone in dich rein wie Smarties und gaukelst deinem Körper seit etlichen Jahren vor, er sei schwanger.»

Ich hatte nicht darüber nachgedacht. Und auch sonst niemand, es ist ja so schön praktisch, wenn die Frau verhütet.

«Willst du nicht vielleicht die Pille absetzen?»

Wollte ich? Keine Ahnung. Ich hatte immer Bequemlichkeit vor meine Gesundheit gestellt. Und ich hatte nicht das geringste Interesse daran, schwanger zu werden. Manuel übrigens auch nicht. Aber er sorgte sich um die Gesundheit der Frau, die er liebte, und stellte diese Sorge vor seinen Komfort. Spätestens da wusste ich, dass ich einen Guten gefunden hatte. Ohne zu suchen, ein unerwartetes Geschenk.

Also setzte ich die Pille ab. Und der Albtraum begann. Mein Körper drehte vollkommen durch: Ich bekam Migräneanfälle des Grauens, Pickel (etwas, das meine Haut bisher nicht gekannt hatte), litt unter Stimmungsschwankungen, Haarausfall … Und ich nahm zu, wenn ich auch nur an einer Kartoffel vorbeilief. Dass ich mit den Diäten aufgehört hatte und fröhlich mit meinem Partner schlemmte, half zu diesem Zeitpunkt leider auch nicht. Langsam, aber sicher entwickelte ich mich zu einem adipösen Gollum. Dass zu diesem Zeitpunkt auch die Presse mehr Interesse an meiner Person entwickelte, kann man im Nachhinein als unglückliches Timing bezeichnen, für mich war es damals schlichtweg eine Katastrophe.

Ich hätte sofort wieder die Pille genommen, wenn Manuel mich nicht in meiner Entscheidung bestärkt hätte. Die ganze Zeit machte er mir außerdem weder Druck abzunehmen, geschweige denn verlor er ein Wort darüber, wie ich mich veränderte. Ich hatte Jahre zuvor schon einmal in einer komplizierten Partnerschaft Gewicht zugenommen (ich kompensiere bis heute viel seelisches Ungleichgewicht mit Essen) und damals den tiefen Fall von der Überhöhung meiner Person zu offenem Mobbing erdulden müssen. Hätte Manuel auch nur ansatzweise ähnlich reagiert, ich wäre weg gewesen, so schnell hätte er gar nicht gucken können.

Aber er tat nichts dergleichen. Er gab mir sogar das Gefühl, weiterhin schön und begehrenswert zu sein (Ich sagte ja schon, er ist ein Guter). Mit dieser Kraft im Rücken gewann ich mein Selbstbewusstsein zurück und verweigerte mich trotzig jeder Diät. Ich begann, stolz auf mich und meine innere Stärke zu sein und Frieden mit einem mir noch fremden Körper zu schließen.

Bis ich Kleidergröße 46 knackte. Dann begann ich doch wieder Diäten auszuprobieren, ging schwimmen, nahm mir einen Personal Trainer, machte Akupunktur. Ich nahm ab, fühlte mich besser, ließ das selbstauferlegte Programm wieder schleifen ... und da war er wieder: Hallo Jo-Jo!

Keine Ahnung, wohin mich dieser Teufelskreis noch geführt hätte, aber eines Tages hörte ich, wie Manuel jemandem erzählte, dass seine sogenannten Freunde ihn gefragt hätten, warum er noch bei mir bliebe, obwohl ich doch so aus dem Leim gegangen wäre. Ich kann mich nicht mal mehr erinnern, wem und in welchem Zusammenhang er es erzählte, aber die Message blieb hängen. Und tat weh.

Aber dann setzte etwas ganz Wunderbares ein: Trotz. Mein berüchtigter Dickkopf empörte sich mehr und mehr über diese Aussage, und der Schmerz wurde durch ein riesengroßes «Fuck you!» ersetzt. (Ich sag euch, diese inneren Fuck-yous sind gut für euch!)

Ein neuer Gedankengang reifte in mir:

Fuck den Gedanken, dass ich abnehmen muss, um die Bestätigung irgendwelcher vermeintlichen Freunde zu erhalten!

Fuck den Gedanken, dass mein Körper dafür da ist, betrachtet und beurteilt zu werden!

Fuck die Idee, dass meine äußere Hülle meinen Wert bestimmt.

Und fuck kleingeistige, unsichere Männer mit kleinen Egos und noch kleineren ... ihr wisst schon, die mehr Wert auf Eye Candy an ihrem Arm legen als auf eine Partnerin auf Augenhöhe, die sie unterstützt und liebt, ohne auch sie zu bewerten.

Und ich verstand: Ein positives Körperbild zu haben bedeutet nicht zu glauben, dass dein Körper gut aussieht. Es bedeutet, zu glauben, dass dein Körper gut ist, unabhängig davon, wie er aussieht. Und wie andere ihn bewerten.

Dein Körper, der dich durchs Leben trägt, dich am Leben erhält und alles tut, damit es dir gutgeht, verdient mehr, als ständig abgelehnt, kritisiert, gar gehasst zu werden. Er wird sich verändern, und auch du kannst ihn verändern, aber die Motivation sollte Selbstliebe und nicht Hass oder Selbstoptimierungswahn sein.

Heute habe ich es tatsächlich geschafft, dass ich meinen Körper als meine Freundin betrachte, meine Komplizin, die mir beisteht, was auch immer das Leben mit mir vorhat. Und ich habe mit der Tatsache Frieden geschlossen, dass ich durch die Fehler der Vergangenheit und die Fehler, die ich heute noch mache und in Zukunft machen werde, ein Jo-Jo-Mädchen bleiben werde. Das ist okay. Denn ich habe erkannt, dass es um Balance geht. Und um Achtsamkeit. Meine körperliche und geistige Gesundheit ist mir wichtiger geworden als meine sich stetig verändernde Silhouette. Und ich bin endlich wieder glücklich. Mit mehr und mit weniger Kilos. Aber immer mit meinem Hasen Manuel, dem Guten.

Seither schwankt meine Kleidergröße fließend zwischen 40 und 44. Und ich mag mich in jeder dieser Formen. Ich habe sogar meinen Kleiderschrank daraufhin angepasst und begehe jede Größenveränderung mit einer Umsortierung. Jetzt ist eben manchmal Skinny-Jeans-Zeit und dann wieder die Saison der weich fallenden Kleider. Wozu bin ich schließlich Stylistin?

Der After-Baby-Body

Ich habe keine Kinder. Und auch wenn ich mit meinem Körper schon einige Berg-und-Tal-Fahrten durchlebt habe, das Phänomen der «Babypfunde» ist mir aus eigener Erfahrung unbekannt.

Aber ich habe mir viele Leidensgeschichten der Kandidatinnen unserer TV-Sendung *Schrankalarm* anhören dürfen, und bis heute schreiben mir etliche Frauen über Instagram von ihrem Struggle mit dem «After-Baby-Body». Und eine Erkenntnis hat sich dabei ganz deutlich herauskristallisiert: Babypfunde gibt es nicht.

Versteht mich bitte nicht falsch, die Gewichtsveränderung während und nach einer Schwangerschaft ist nicht von der Hand zu weisen. Aber das Verständnis und der Umgang damit ist irgendwie zu etwas mutiert, das man als zutiefst schädlich bezeichnen kann.

Und es beginnt schon während der Schwangerschaft. Diese wird ja gerne als Wunder der Natur verklärt. Wobei es selbstverständlich genau das ist, ein Wunder. Aber auch ein Kraftakt, welcher der Frau Unglaubliches abverlangt. Und dies wird gerne verschwiegen. Alles muss immer so leicht und mit stetem Lächeln auf dem Gesicht absolviert werden. Zumindest, wenn man den Bildern in den Medien glaubt.

Ich durfte die Schwangerschaft meiner Schwester und die einiger Freundinnen teilweise hautnah begleiten. Und feststellen, dass da nicht immer alles eitel Sonnenschein zwischen besagtem Wunder der Natur und Schwangerschaftsglow ist.

Eine Freundin litt über sechs Monate unter Schwangerschaftsübelkeit. In dieser Zeit hatte alles und jeder in ihrem Umfeld geruchlos zu sein. Man macht sich gar nicht bewusst, was alles einen Geruch verströmt, bis man eine Freundin hat, die plötzlich Elektrogeräte und Topfpflanzen riechen kann und einem beim Betreten des Raumes entgegenschreit, wie man bitte so rücksichtslos sein könne, vor dem Besuch Ingwer zu essen (Ich hatte circa zwei Stunden zuvor ein Glas heißes Wasser mit Ingwerstückchen getrunken). Der arme Mann der besagten Freundin musste sogar eine Zeitlang komplett ausziehen, weil sie ihn schlichtweg überhaupt nicht mehr riechen konnte und seine pure Anwesenheit ihren Würgereflex zum Rotieren brachte.

Ihre Hyperosmie legte sich zum Glück wieder nach der Geburt, und die beiden sind jetzt glückliche Eltern eines gesunden Jungen, der so viel rumstinken kann, wie er will, ohne dass sich seine Mama in die Hecke übergeben muss (im Gegensatz zum Papa beim Windelwechsel). Den Schwangerschaftsglow lernte meine Freundin nie kennen, sie kämpfte nur mit dieser unerträglichen Übelkeit und ihren Begleiterscheinungen sowie der ständigen Sorge, das Baby könnte unterversorgt sein.

Unnötig zu erwähnen, dass Oskar ein Einzelkind bleibt.

Eine andere Freundin, Sabine, ein zartes Persönchen von 1 Meter 52 und ursprünglich 46 Kilo Lebendgewicht, mutierte zu Violetta Beauregarde, dem kaugummikauenden Mädchen aus *Charlie und die Schokoladenfabrik*, die zu einer riesigen Blaubeere anschwillt. Nur dass bei ihr kein Kaugummi, sondern Wassereinlagerungen verantwortlich zeichneten.

Da sich ihr Partner ängstlich verdrückt hatte, wechselten ihre Mutter und ich uns während der Geburt im Kreißsaal ab. Nach 21 Stunden und Dingen, die rissen oder aus Sabine herauskamen, auf die ich nicht vorbereitet war, fühlte ich mich traumatisiert und war fest davon überzeugt, niemals schwanger zu werden.

Sabine lag erschöpft, aber selig lächelnd in ihrem Bett, das kleine Bündel im Arm. Einige Stunden zuvor hatte sie noch aus Leibeskräften gebrüllt, man möge die Ausgeburt Satans aus ihrem Leib schneiden, doch jetzt säuselte sie nur sanft: «Ach weißt du, Miya, was sind schon 21 Stunden im Vergleich zu einem Leben mit diesem perfekten Engel.»

Aha, die Hormone hatten eingeschossen und taten vorbildlich ihren Job, alles grade Erlebte vergessen zu lassen und nur noch pure Euphorie und Liebe zu spüren. Wunderbare Mutter Natur! Ich hätte mir gerne was davon abgezapft. Die Bilder des Geburtsvorgangs begleiten mich bis heute, und dabei war der Schleimpfropf noch das Harmloseste …

Nach der Geburt wird weiterhin Leistung von der frischgebackenen Mutter eingefordert. Da Stillen das Nonplusultra ist, wird der Frau, bei der das nicht sofort klappt, eine Stillberaterin geschickt, die dann eine Tabelle zum Ausfüllen dalässt, in der die eh schon erschöpfte Mutter, die mehrmals in der Nacht die Milchpumpe anlegt, um jeden Milliliter kostbarer Nahrung aus sich herauszupumpen, die Häufigkeit und Menge akribisch zu dokumentieren hat. Stets begleitet wird sie dabei von einem dezenten Gefühl des Scheiterns. Beim Anblick der entzündeten Brustwarzen lege ich immer noch instinktiv eine schützende Hand über mein in dieser Hinsicht jungfräuliches Dekolleté.

Warum zähle ich all diese schrecklich klingenden Beispiele auf? Sicher nicht, um Schwangerschaft und Muttersein zu verunglimpfen. Es ist und bleibt etwas Wunderbares und ist ja tatsächlich ein Wunder der Natur. Nur halt nicht in antiseptisch duftender Hochglanzversion.

Die Tatsache, dass von diesen und anderen möglichen Begleiterscheinungen einer Schwangerschaft (neben *vielen* schönen Dingen!) nie die Rede ist, verdeutlicht, wie sehr Frauen darunter leiden können, nicht die «perfekte» Schwangere aus der Werbung zu sein.

Natürlich hat das Gründe. Würde man überall in aller Deutlichkeit erzählen, was eine Schwangerschaft tatsächlich einer Frau abverlangt und was es mit ihr macht, welche Frau würde da noch bereitwillig «Juchhuu, ich bin dabei!» rufen?

Na ja, okay, wohl genug, aber es ist wahrscheinlich besser, nicht vorher alle hard facts zu kennen.

Der negative Nebeneffekt? Frauen hadern mit sich, wenn sie nicht die perfekte Bilderbuchschwangere sind, die einem aus Magazinen, der Werbung und den Social Media entgegenstrahlt. Da findet man schlanke, glückliche Frauen, die selbst im achten Monat im Bikini glänzen und eine kleine, straffe Kugel vor sich herschieben und bei Themen wie Wassereinlagerungen, Haarausfall, Inkontinenz, Schwangerschaftsstreifen und -diabetes nur verständnislos mit dem Kopf schütteln würden, während sie frisches Kokoswasser direkt aus der Nuss schlürfen, ohne sich an der nächsten Palme zu übergeben. Dabei stehen sie an einem exotischen Ort, sodass man sich unwillkürlich fragt, ob sie da wegen des Flugverbots für Schwangere überhaupt noch rechtzeitig wegkommen würden oder ob sie planen, ihren Nachwuchs zwischen Palmen und Pool auf dem Day Bed zu begrüßen.

Und wenn man während der Schwangerschaft noch herzlich wenig an diese übermenschlich scheinenden Geschöpfe denkt, weil man ganz andere Probleme (und im Bestfall einen anderen Fokus) hat, spätestens nach der Geburt holen einen die Bilder der «After-Baby-Bodys» ein. Wenn die Heidi Klums und Insta-Mädchen dieser Welt kurz nach der Geburt schon wieder topfit und erschlankt in die Kameras lächeln, sagt man sich noch: «Na ja, mit Nanny, Ernährungsberater, Personal Trainer und Privatkoch würde ich das auch hinkriegen!»

Wenn die Babypfunde aber auch nach über einem Jahr nicht verschwunden sind, beginnt die Frustration zu wachsen.

Dass das gar nicht tragisch ist, weil man für eine Lebensphase zwischen Windeln, ersten Schritten und Spielgruppen nun wahrlich keinen getunten Body braucht, spielt dabei keine Rolle. Denn eigentlich geht es doch um die Selbstwahrnehmung. Und machen wir uns nichts vor: Das neue Gewicht bleibt einem eben meist auch länger erhalten. Ich musste dafür noch nicht mal schwanger werden …

Was meine ich also, wenn ich sage, Babypfunde gibt es nicht? Habe ich das nicht grade in epischer Breite widerlegt?

Nein!

Denn das Problem sind nicht die Extrakilos (auch so eine Formulierung), sondern die Begrifflichkeit. Jede Frau, die jemals ein Kind zur Welt gebracht hat, hat ihre Babypfunde in eben diesem Moment verloren. Das einzige Gewicht, das sie danach zu verlieren hat, ist das auf ihren Schultern aufgrund der unrealistischen Körperideale (vor und) nach einer Schwangerschaft.

Der Mangel an Respekt Frauen gegenüber ist überdeutlich in Aussagen wie:

«Kriege deinen ‹Pre-Baby-Body› zurück!»
«In nur … (hier beliebige realitätsferne Zahl eingeben, zum Beispiel «zehn Tagen») zurück zu deinem Körper *vor* der Schwangerschaft!»

«Passe wieder in deine Jeans, sage den Babypfunden den Kampf an!»

Es macht mich tatsächlich richtig wütend, dass die größte Aufmerksamkeit darauf liegt, was mit den Körpern von Müttern *nach* einer Schwangerschaft passiert. Nicht das Kind selbst, nicht das Wunder, Leben erschaffen zu haben (und unter was für Umständen und Begleiterscheinungen, mitunter gar Opfern), nicht die Gesundheit und das Wohlbefinden der Mutter stehen im Vordergrund, sondern die Fähigkeit, wieder einen «akzeptablen» Körper zurückzugewinnen.

Neben diesen Druck treten dann weitere Herausforderungen: ein Kind zu versorgen, großzuziehen (nicht selten sogar alleine), einen Haushalt zu führen und so schnell wie möglich an den Arbeitsplatz zurückzukehren. Falls dieser überhaupt noch existiert.

Mal ganz abgesehen von mangelnder Kinderbetreuung und Verständnis für arbeitende Mütter, aber auch fehlendem Respekt gegenüber der Entscheidung, Hausfrau und Mutter zu sein.

Egal, wie man's macht: Kümmer dich doch bitte auch noch um deine Figur, wenn du schon mal dabei bist!

Der Körper ist nicht dafür gemacht, nach einer Schwangerschaft wieder genauso auszusehen wie davor. Warum auch? Der menschliche Körper ist keine Gummipuppe, die man verbiegen kann und die sofort wieder in Form springt. Aber viele Menschen sind nicht nur überzeugt davon, dass das geht, sondern erwarten es geradezu von jeder gesunden Frau.

Und unzählige Unternehmen schlagen daraus Profit.

Deinen Körper zurückzugewinnen, sollte für dich, liebe frischgebackene Mutter, nicht bedeuten, dass du so schnell wie möglich deine Babypfunde verlierst, sondern dass du ihn dir zurückeroberst. Als *deinen* Körper, *deine* Narben, *dein* unglaubliches Wunder der Natur, mit Fähigkeiten, von denen du vorher keine Ahnung hattest, und Erfahrungen, die dir niemand mehr nehmen kann. Konzentriere dich darauf, wie es dir und deinem Kind geht, nicht wie du dabei aussiehst. Teile deine Sorgen, Unsicherheiten und Gedanken mit anderen Frauen in deiner Situation, du wirst viel Unterstützung und Verständnis erfahren. Und merken, dass dein Problem ein universelles ist und durch den Austausch mit anderen schon vieles leichter wird. Wenn du dann mit der Zeit, die dir dein Körper und deine Lebensumstände vorgeben, das Gefühl hast, du möchtest wieder etwas für dich und deinen Körper tun, du möchtest dich als Frau wiederentdecken, dann leg los.

Aber selbstbestimmt, frei und aus einem Gefühl der Selbstliebe und der Selbstfürsorge heraus. Das wünsche ich dir als ahnungslose Nicht-Mutter und mitfühlende Schwester im Geiste.

Altern, Make-up,
Beauty-OPs

Zu diesem Thema kann ich selbstverständlich wenig beitragen, denn ich altere nicht. Zumindest nicht äußerlich, bei meinem Gehirn und einigen Gelenken bin ich mir da nicht so sicher. Aber mein Gesicht kennt keine Falten, mein Kopf kein graues Haar, und ich habe noch alle meine Zähne.

Das ist natürlich alles Quatsch, also das mit dem Altern. Ich habe zwar noch alle meine Zähne, aber das sollte man mit Mitte vierzig vielleicht auch noch nicht so stolz hervorheben. Falten sind bei mir auch eher rar gesät und ich hatte noch nie ein graues Haar, aber da kommen die japanischen Gene ins Spiel. Asiaten altern ja bekanntlich anders. Wir werden das erste Drittel, vielleicht sogar die Hälfte unseres Lebens für jünger gehalten, was in der Jugend auch gerne mal für Verwirrung und Frustration sorgen kann, dann halten wir uns in der Regel sehr gut, und im letzten Viertel verwandeln wir uns rasant in kleine Rosinen.

Meine gesamte Jugend wurde ich für jünger gehalten und musste bis mindestens 30 für jede FSK-16-Vorstellung im Kino meinen Ausweis vorzeigen.

Als ich 37 war, sagte einmal der Türsteher einer Ü-30-Party zu mir (bitte fragt mich nicht, was ich da wollte): «Das ist hier nix für junge Hühner wie dich.»

Auch heute noch höre ich oft ein ungläubiges Zischen, wenn ich mein Alter erwähne.

Das könnte mich jetzt alles beflügeln und ihr würdet mich mit jeder dieser Geschichten ein wenig mehr hassen, aber entspannt euch, die Rosine wartet schon auf mich ...

Und machen wir uns nichts vor, seit meinen Zwanzigern creme, schmiere und massiere ich, was das Zeug hält. Ich kenne alle Inhaltsstoffe und was sie für meine Haut tun, schlucke Nahrungsergänzungsmittel, trinke Collagen, und seitdem das erste Topmodel behauptet hat, ihren Alterungsprozess (und ihre schlanke Taille) durch drei Liter Wasser täglich gestoppt zu haben, befinde ich mich in einem Zustand der inneren Dauerbefeuchtung, irgendwo zwischen dem Befüllen meines Wasserglases und der nächsten Toilette.

Jedes neue Produkt, das auf den Markt kommt, *muss* ich testen, selbst jetzt, nachdem ich schon lange die Strategien der Werbe-Industrie durchschaut habe. Nie würde eine Zigarette zwischen meine Lippen geraten (auch aus vernünftigeren Gründen als dem Wunsch nach jugendlich frischer Haut), und ich meide Räume, in denen geraucht wird. An Orten, die erwiesenermaßen trockene Luft haben wie zum Beispiel Flugzeugkabinen, creme ich regelmäßig mit Feuchtigkeitsgel nach. Ich habe mir abgewöhnt, in mein Gesicht zu fassen, und halte auch das Handy in einem gewissen Abstand. Lebensmittel, die als antioxidativ, entzündungshemmend, entschlackend oder durchblutungsfördernd gelten, stehen auf meinem Speiseplan ganz oben, und Beautybehandlungen sind meine erklärte Lieblingsfreizeitbeschäftigung. Mit größter Faszination beobachte ich die Entwicklung neuer Methoden der Hautverjüngung, und mein positives Ergebnis bei einem Hauttest nehme ich wie eine Auszeichnung entgegen.

«Meine Haut ist besser durchfeuchtet als die der zwanzig Jahre jüngeren Kollegin!», höre ich mich selbst stolz brüllen, befriedigt, dass das ganze Getue Wirkung gezeigt hat! Ja, Bescheidenheit ist eine Zier. Als die verteilt wurde, war ich wohl mal kurz Wasser trinken. Oder pinkeln.

Etwas extrem, meint ihr? Vielleicht. Aber ich glaube, ich stehe damit nicht so alleine da. Undenkbar, wie ich wohl drauf wäre, wenn ich heute zwanzig wäre.

Neulich begegnete ich auf dem Event einer edlen Champagnermarke einer wunderschönen jungen Frau, von Beruf Influencerin. Beim Dinner nebeneinandergesetzt, konnte ich meinen Blick nicht von ihr abwenden: ein Gesicht wie gemeißelt, ein makelloser Schwanenhals und eine Haut, die den Facetune-Filter schon mit eingebaut hatte.

So viel porenfreie, glattgebügelte, rosig schimmernde Perfektion, konnte das denn möglich sein? Ich musste meiner Bewunderung Ausdruck verleihen. Denn so wenig bescheiden ich in mancher Situation bin, so affirmativ bin ich auch, wenn es um Komplimente geht.

«Mann, Mann, Mann», sagte ich zu ihr, «an deinem Zeugungstag müssen der liebe Gott und all seine Engel aber richtig gut drauf gewesen sein!»

«Oh, danke, wie lieb von dir», flötete sie.

Und bevor ich fragen konnte, in welchen Genpool ihre gesegneten Eltern gegriffen hatten, fügte sie hinzu:

«Der liebe Gott heißt in diesem Fall übrigens Dr. Akbas und sitzt in Baden-Baden. Ich kann dir seine Nummer geben, wenn du willst.»

Ich saß da, mauloffen. Ich hatte mir bis dato eingebildet, Eingriffe durch Menschenhand klar erkennen zu können.

«Bitte, was hast du denn machen lassen, meine Schöne?!», hakte ich neugierig nach.

«Nun, die Nase richten lassen. Schlupflider operiert. Filler in die Wangenknochen, Augenringe, Lippen, Schläfen, Kinn, Ohrläppchen. Fett-Weg-Spritze und Filler, um meine Jawline zu formen. Microblading, Gesichtsbehaarung und Pickelnarben gelasert. Und Botox in Stirn und als Brauenlift.»

«Botox? Wie alt bist du noch mal, Liebes?»

Mittlerweile war für mich alles zwischen 20 und 50 vorstellbar.

«23, aber Botox benutze ich schon, seit ich 21 bin. Da kann man nicht früh genug anfangen. Als Faltenprävention.»

Das sagte sie im Brustton der Überzeugung, dass ich nur fasziniert nicken konnte.

Ich könnte mich jetzt über dieses Mädchen und ihren Beautywahn lustig machen. Aber ich bin nicht so überzeugt davon, dass ich heutzutage in ihrem Alter anders denken würde. Was für meine Generation die Mikrodermabrasion ist, scheint für ihre Botox zu sein. Während ich mit 15 meine Augenbrauen mit Kajalstift bis in meine

Schläfen gezogen habe und blaue Wimperntusche für mich entdeckte, sind die Teenager heutzutage durchkonturiert und gehighlighted wie die Kardashians. Und das in einer Perfektion, die ich mir, die ohne YouTube-Tutorials und Insta-Stars aufgewachsen ist, nicht in meinen kühnsten Träumen hätte vorstellen können. Mein bescheidenes Rouge mit integriertem Applikator aus der Drogerie hätte ja auch nie mit den Pinselsets und Luxuspaletten der Girls mithalten können. Mein Taschengeld übrigens auch nicht. Wie die Mädels das alles bezahlen können, ohne ihre getragenen Schlüpfer an windige Geschäftsleute zu verkaufen, wird mir ein Rätsel bleiben.

Das kann ich jetzt verurteilen oder belächeln, ändern werde ich es nicht. Und es zeigt mir eins auf: Die Beauty-Industrie hat innerhalb einer Generation den Anspruch und den Umsatz weit mehr als verdoppelt. Während ich von 15 bis 20 so etwas, wie eine Make-up-Routine entwickelte und in dem Zeitraum verlernte, mich ungeschminkt wohlzufühlen, etwas, wofür ich später Jahre (und eine gewisse Altersgelassenheit) brauchte, um es mir wieder anzueignen, sind die heutigen Mädchen Make-up-Profis, bevor sie ihre Volljährigkeit erreicht haben. Sie kennen sich mit Beauty-Eingriffen aus, und je nach Geldbeutel und Einstellung haben sie auch weit weniger Hemmungen, etwas an sich machen zu lassen. Wir wurden noch von Horrorbeispielen wie einer Jocelyn Wildenstein abgeschreckt, doch sie sehen Leute wie Kylie Jenner und Co., wandelnde Beweise der heutigen Möglichkeiten von Beauty-Eingriffen.

Vor einiger Zeit machte ich mal ein kleines Experiment zum Thema Ungeschminktsein.

Ich lief einige Tage ohne Make-up, ohne Wimpern-Extensions und Co. herum, und das nicht nur zum Brötchenholen, sondern auch bei Geschäftsterminen und Treffen mit Freunden am Abend. Das Feedback war wenig überraschend. Während gute Freundinnen beim nachmittäglichen Kaffeetrinken noch entspannt reagierten, weil sie mich so schon kannten, war die Reaktion in jeder anderen Situation vergleichsweise heftiger.

«Du siehst schlecht aus, geht es dir gut?», wurde ich gefragt.

«Na, jetzt nicht mehr. Das ist mein Gesicht, du Arsch.»

Am schlimmsten war es bei Geschäftsterminen, ich habe auch nur zwei durchgehalten.

Beide Male wurde mein Aussehen nicht kommentiert, aber die irritierten Blicke sagten schon alles. Und die Begeisterung, die meist nach einem guten Gespräch zu einem gemeinsamen Projekt freigesetzt wird, wirkte gedämpft. Da ich mich sonst nicht anders verhalten hatte und auch mit Bedacht und Sorgfalt gekleidet war, muss es wohl an meinem ungeschminkten Gesicht, meiner unabgedeckten Haut gelegen haben. Als hätte ich es an Mühe und Respekt vor so einem Termin mangeln lassen, weil ich mich nicht genug um ein ansprechendes Äußeres gekümmert hätte. Unnötig zu erwähnen, dass beide Projekte nie zustande kamen.

Nun ist es in meiner Branche, in der es viel um die Hülle

und die Außenwirkung geht, vielleicht auch nicht weiter verwunderlich, aber ich bezweifle an dieser Stelle stark, dass es bei jedem anderen Meeting oder Vorstellungsgespräch in einem anderen Geschäftsbereich anders gelaufen wäre.

Da unser Aussehen und die Mühe, die wir investieren, mehr als unsere Kompetenz und unser Auftreten zählen, spielen wir dieses Spiel mit. Und müssen uns danach weiterhin beweisen, zeigen, dass da noch mehr ist als die Fassade. Aber ohne die Fassade erhalten wir oft nicht mal die Chance, uns zu beweisen …

Ist das unfair? Ja! Sollten wir uns das gefallen lassen? Eigentlich nicht, oder? Aber was tun?

Das trotzige Kind in mir will weiterhin ungeschminkt die Leute «erschrecken», meine innere kritische Stimme würde gerne aufklären. Die Frau, die ihren Job liebt, möchte aber weiterhin arbeiten. Und das eitle Mädchen würde um nichts in der Welt ihre geliebten Schminksachen aufgeben. Also suche ich mir meinen eigenen Weg, damit umzugehen.

Ich laufe zwar vermehrt ungeschminkt in der Öffentlichkeit herum, aber meine heißgeliebten Wimpern-Extensions, pigmentierte Augenbrauen und regelmäßige Gesichtsbehandlungen geben mir auch die Sicherheit dazu.

Ist das jetzt inkonsequent, oder heiligt der Zweck hier die Mittel?

Darüber habe ich lange nachgedacht. Und bin zu dem Schluss gekommen, dass ich keine Heilige bin. Keine Vorreiterin der Selbstliebe ohne Fehl und Tadel, ohne Wenn und Aber. Und es auch nicht sein muss. Ich bin eine Frau wie jede andere, die hadert und unsicher ist und doch das Beste aus sich und der Situation machen will.

So kritisch ich mitunter bin, was Ausmaß und Notwendigkeit mancher Prozeduren angeht, bin ich dankbar für die Möglichkeiten der heutigen Zeit und nutze sie, um mich besser zu fühlen, was eben auch bedeutet, mich schön zu finden. Mein Verstand hat längst verinnerlicht, dass wir Frauen über unser Aussehen bewertet und definiert werden, aber auch dass wir mehr sind als unsere Körper und Gesichter. Und so geht meine Eitelkeit den Weg der gelernten Selbstoptimierung weiter. Und auch wenn meine Selbstakzeptanz nicht mehr davon abhängt, wie ich aussehe, es hilft mir, mich gut mit mir zu fühlen.

Ein wandelndes Paradoxon, eine Frau, geprägt von der Gesellschaft, ein Mensch. Mit einer Stimme, einer Meinung, mit dem Bewusstsein, nicht gefallen zu müssen, um zu genügen.

Aber auch mit einer Begeisterung für Make-up, einer fast spielerischen Freude an Beautybehandlungen und einer Faszination für die Möglichkeiten der Schönheitsindustrie.

Dies alles aber nicht aus einer Opferrolle heraus zu nutzen, weil ich mir in meiner naturgegebenen Version nicht genüge, sondern die Angebote selbstbestimmt und mit Bedacht zu wählen, macht für mich den Unterschied aus.

Und die Öffentlichkeit und die Medien zu nutzen, um beide Seiten von mir zu zeigen. Ob es bei einem Make-up-Tutorial ist, in dem ich mich gänzlich ungeschminkt und bei nicht beschönigendem Licht mit meiner empfindlichen Haut präsentiere, ob ich auf Social Media zeige, welche Anwendungen ich ausprobiere und wie ich dabei aussehe oder ob ich eben hier darüber schreibe.

Ich will nicht als gottgegeben verkaufen, was ich mir erpflege, schminke oder hart erarbeitet habe. Andere Frauen sollen nicht das Gefühl bekommen, einige von uns wären von der Natur nun mal reicher beschenkt worden als andere. Bullshit. Wir sind alle schön, auch wenn unsere Schönheit nicht immer der Norm entspricht. Die Arbeit, Kosten und Mühe, die wir ansonsten in unser Aussehen stecken, sollten wir selber festlegen dürfen. Nicht gebunden an unseren Selbstwert, sondern an unsere Lebensumstände und unser Interesse an der Materie. Denn dieses kann stark variieren. Und hat immer seine Berechtigung.

«Männer altern nicht besser als Frauen. Es ist ihnen nur erlaubt, zu altern», sagte die großartige Carrie Fisher einmal. Ich habe mich dazu entschieden, mir das Altern zu erlauben. Aber zu meinen Bedingungen und in meinem Tempo – soweit ich es beeinflussen kann. Ich will Freude haben an all den Mittelchen und Prozeduren, die meinen «Verfall» für eine gewisse Zeit aufzuhalten versuchen, und das ohne schlechtes Gewissen. Mir erlauben, mich da weiterhin auszuprobieren, ohne mein Empfinden für Ästhetik, die nicht ganz so sehr von der Künstlichkeit des heutigen Zeitgeists geprägt ist, zu korrumpieren. Weiterhin unbescheiden meine «Erfolge», die Zeit langsamer vergehen zu lassen, zu feiern. Mich nicht darüber zu definieren, meiner Hülle nicht mehr Aufmerksamkeit als meinem Innenleben zu schenken, aber die Zeit vor der rasanten Rosine noch voll auszukosten.

Denn die wird unaufhaltsam kommen. Und ich werde sie dann umarmen, in Turban und Kaftan, mit zu starkem Make-up auf von Falten zerfurchter Haut, Wimpern-Extensions und übergroßen Brillen.

Oder blank geschrubbtem Gesicht, Jogginganzug und der Freiheit, alt sein zu dürfen. Das werde ich dann entscheiden, wenn es so weit ist, und ich freue mich schon ein wenig darauf.

Bis dahin rufe ich mal die durchgetunte Schönheit vom Champagnerdinner an und frage nach der Nummer ihres Wunderarztes.

Teil 3

Your body, your rules: Gesundheit und Ernährung

Diäten und
Ernährungsumstellung

Neulich beim Arzt.

«Soo, Frau Kawai, Sie hatten wohl eine recht anstrengende Zeit. Zwölf Kilo in einem halben Jahr, das ging ja recht fix. Was war denn los?»

«Ach, Doktor, so viel Stress. Und ich habe wieder falsch gegessen und mich praktisch nicht bewegt.»

«Hmhm … Schauen wir uns mal Ihre Werte an. Ja, der Zuckerwert sieht gar nicht gut aus. Der macht mir sogar richtig Sorgen. Da müssen wir was tun.»

Ich liebe es, wie er in dem Zusammenhang das Personalpronomen «wir» verwendet. So solidarisch!

«Aber hey», fährt er fort, «Ihr Cholesterinwert ist phantastisch! Das ist doch was!»

Er ist so positiv! Findet immer was Gutes. «Lassen Sie mich raten, Doktor: Ich muss abnehmen.»

«Sie können auch wachsen.»

Genau mein Humor. Ich mag ihn.

Was mir mein Arzt auf diese äußerst diplomatische Weise mitgeteilt hat, wusste ich natürlich schon längst. Ich bin wieder aus dem Gleichgewicht geraten. Aber diesmal zu schnell, zu heftig. Nachdem ich Jahre gebraucht hatte, mein Jo-Jo-Mädchen in mir anzunehmen und mich sowohl in 40 als auch in 44 wohlzufühlen, bekomme ich jetzt die Gesundheitsklatsche.

Okay, selbst schuld. Und nu? Beginnt jetzt wieder die Phase des Diätens, begleitet von schlechter Laune, Migräne, Kurzzeiterfolgen und anschließender Resignation?

Boah, darauf habe ich ungefähr so viel Lust, wie auf einer Bohrinsel zu arbeiten. Und falls da jetzt Verwirrung aufgekommen sein sollte: das bedeutet *gar keine* Lust!

Aber es hat mich ja auch keiner gezwungen, die letzten Monate mit Pizza und Burger vor dem Rechner zu verbringen statt mit Obst und Gemüsesticks. Als mir im Sommer dann noch meine Bandscheibe mit einem freundlichen «Fuck you!» einen Strich durch meine wöchentlichen Walks im Wald machte und Bewegung von meiner Aktivitätenliste gestrichen wurde, hätte ich die Nachtigall schon lauthals trapsen hören können.

Trapst die Nachtigall eigentlich mit ihren Füßen oder mit ihrer Kehle? So oder so, ihr Trapsen habe ich geflissentlich ignoriert. Das kann ich nämlich gut, Dinge so lange ignorieren, bis sie mich von hinten wieder eingeholt haben. Kann ich keinem empfehlen, rächt sich immer. So wie jetzt.

«Mann, ich bin wieder fett geworden!», lamentiere ich zu Hause.

«Du bist doch nicht fett. Du bist wunderschön, mein Bienchen», erwidert der beste Hase der Welt.

«Ich habe gesagt, ich bin fett geworden und nicht hässlich, Mensch!» Wem es noch nicht aufgefallen ist: Ich tendiere zu Gereiztheit und ungerechtem Verhalten, wenn es ums Thema Gewicht geht.

Der Mann reagiert routiniert gelassen und deeskalierend: «Und, was machen wir jetzt dagegen?»

Noch so ein solidarisches «Wir»! Ich habe die Menschen in meinem Umfeld nicht verdient ...

«Ernährungsumstellung?»

Wir brechen beide in unkontrolliertes Lachen aus. Denn meine Ernährung habe ich bestimmt schon 728-mal umgestellt. Mindestens.

Ich bin die absolute Expertin zum Thema Ernährungsumstellung. Ich kenne alle Varianten. Alle Autoren. Alle Ideologien. Viele klingen toll, immer motivierend, so vielversprechend. Einige wirken im ersten Moment gar machbar auf mich, andere, meist die, die den kompletten Verzicht auf eine Lebensmittelgruppe beinhalten, schlicht utopisch.

Ich kann euch die Kalorienzahl so ziemlich jedes essbaren Artikels, jedes Gerichts aufsagen. Genau genommen versuche ich sogar, diese Eigenschaft wieder zu verlernen, schlichtweg, weil ich Essen nicht als Kalorien wahrnehmen will, aber dazu später mehr.

Ich habe gewogen, gezählt, geshaked, im Schlaf, nach Tageszeit und Mondphasen gegessen. Habe akupunktiert, hypnotisiert, in Gruppen und alleine umgestellt. Habe Mandeln, Datteln, Kurkuma, Ingwer und alle nur erdenklichen Superfoods im Schrank. Bevor es Gojibeeren in jedem Biosupermarkt zu kaufen gab, habe ich sie mir vollkommen überteuert aus dem Ausland bestellt. Ich habe brav Leinsamen gegen Chiasamen ausgetauscht, weil die so viel trendiger waren und alle mit ihren Chiapuddings um die Ecke kamen. Samen, die noch kurz vorher einen Appel und ein Ei kosteten und als Schweinefuttermittel verwendet wurden. Ich smoothe, bowle und ersetze Zucker durch Honig, nein, Stevia, nein, Agavensirup, nein, Kokosblütenzucker, nein Xylit, nein, warte, *gar nix*. Weil industriell verarbeitete Lebensmittel sind der Teufel, Süßstoffe krebserregend, Palmöl zerstört den Planeten, Soja und andere Monokulturen auch, Fleisch esse ich nur, wenn ich weiß, wo es herkommt, Gemüse lieber regional und saisonal.

Immer wenn das Thema Ernährung aufkommt, stelle ich mich lieber ahnungslos und lasse mir erneut und zum abertausendsten Mal den Vorteil von Pflanzenmilch gegenüber Kuhmilch erklären, obwohl ich schon seit Jahren Hafermilch trinke. Ich kann sie sogar selbst abseihen. Und genieße trotzdem heimlich ab und zu ein Glas leckere Vollfettmilch vom Biobauern.

Und warum? Ich bin so müde. Ich finde das ganze Thema so überpräsent und meist von einem leicht überheblichen Grundton getragen. So wie die meisten von sich denken, sie hätten einen guten Geschmack, weil sie im Fernsehen oder richtigen Leben die Modepolizei spielen, meinen so manche, sie hätten die Kernkompetenz «Gesunde Ernährung» für sich gepachtet, weil sie einmal eine Seitan-Packung in der Hand hatten.

Ich komme aus einem halbjapanischen Haushalt, ich wurde mit Seitan, Tofu, Miso, Algen und frischem Fisch großgezogen. Bei Bauchschmerzen gab es Reissuppe mit Umeboshi, als Dessert süße rote Bohnen. Das hieß bei uns nur nicht gesunde, kalorien-, zucker- und fettreduzierte Küche, sondern Frühstück, Mittag und Abendbrot. Würde ich heute noch zu Hause leben, wäre ich wohl der gesündeste Jungbrunnen-Gourmet von einem Menschen! Und glücklich, weil es auch Kekse gibt, alles bio selbstverständlich ...

Den meisten Menschen ist nicht bewusst, dass sie gluten-, zucker-, weizenfrei oder vegan leben können, ohne es der Welt im Allgemeinen oder mir im Speziellen mitteilen zu müssen. Mir ist es nämlich herzlich egal, was sich mein Gegenüber reinstopft. Nicht egal ist mir, was aus ihm / ihr herauskommt. Und das nicht im verdaulichen Sinne, sondern im geistigen. Ich möchte über Ideen, Träume, Projekte reden. Den Urlaub, meinetwegen auch den Partner, Kinder, sehr gerne über Hunde. Den letzten Abend, die Zukunft, das Leben.

Aber beim Thema Ernährung und Ernährungsumstellung streike ich. Denn obwohl ich mich in all den Jahren so ausgiebig damit auseinandergesetzt habe – vornehmlich weil es mir als die einzige Alternative zu ungesunden Diäten erschien –, interessiert es mich einfach nicht.

Und das ist wahrscheinlich auch das Problem an der Sache.

Ich kann mich selbst nicht genug dafür feiern, mich

gesund zu ernähren, um es über Jahre, im Bestfall für immer, durchzuziehen. Und damit will ich diese Eigenschaft gar nicht ins Lächerliche ziehen. Ich bin der festen Überzeugung, dass man genau das tun muss, um motiviert zu bleiben. Und diszipliniert. An beidem mangelt es mir. Ganz erheblich.

Nach jahrelangem Kampf um Kilos und Kleidergrößen habe ich es endlich geschafft, in meinem Kopf aufzuräumen und mich unabhängig davon schön zu fühlen. Gewichtsabnahme motiviert mich also nicht genug.

Und diszipliniert war ich noch nie. Ich bin Stier, ich liebe gutes Essen. Genuss, was auch mal mehrere Gänge einschließt. Definitiv Kohlenhydrate. Wein. Und mit einem gewissen Phlegma ausgestattet, habe ich nur zu einem Zeitpunkt Freude an der Bewegung: danach.

Das könnte jetzt ein Lifestyle sein, den ich gut durchziehen könnte. Etwas chubby, aber happy. Aber dann kommt der Killer dazu und wirbelt meine 40/44-Balance durcheinander, in dessen Rahmen sich meine Wohlfühlzone und mein gesundheitliches Gleichgewicht bewegen: Stress. Und der lässt mich alles vergessen, was ich jemals zum Thema gesunde Ernährung gelernt habe. Er lässt mich aber auch nicht mehr genießen. Wenn mir die Zeit und die Muße fehlen, wenn mein Kopf voll ist, dann passiert das, was bei meinem Bodytype und Charakter unmöglich scheint: Ich vergesse, zu essen.

Der Verlust eines geregelten Tagesablaufs (der bei uns selbst in ruhigeren Zeiten nie wirklich geregelt ist – das

Los der Freiberufler), durchgemachte Nächte, Schlafmangel, gedanklich immer woanders als im eigentlichen Moment. Erst sagt mein Biorhythmus ade, dann mein natürliches Hungergefühl, am Ende gar mein Appetit. Bis der Körper auf Überlebensmodus schaltet und mit Migräne, Kreislaufkollaps und Heißhunger reagiert. Dann könnte ich ein halbes Schwein verschlingen, weil mein Gehirn «Kohlenhydrate!» schreit. Zucker! Und ich reagiere, bestelle beim Liefer- oder Roomservice, je nachdem wo ich mich grade befinde, meist am späten Abend. Pizza, Burger, Clubsandwich. Was waren noch mal Chiasamen ...?

Welche Erkenntnis ziehe ich daraus? Mehr als jede Ernährungsumstellung der Welt bräuchte ich wohl Ruhe. Da ich aber niemals meinen heißgeliebten Beruf aufgeben würde, vertraue ich da aufs Leben, das einem nach stressigen Phasen auch wieder ruhige Zeiten beschert. Plane diese bewusst ein und nehme mir meine Auszeiten, um wieder zur Ruhe zu kommen.

Dafür habe ich meinen Seelenort gefunden: Kreta. Die südlichste der griechischen Inseln hat mich seit meinem ersten Besuch in den Bann gezogen, es fühlte sich wie ein Nachhausekommen an. Und dort gelingt mir auch, wozu ich mich sonst immer disziplinieren und bewusst entscheiden muss: Ich ernähre mich gesund, regelmäßig und ausgewogen, ohne groß drüber nachzudenken. Von frischen, unverarbeiteten Lebensmitteln, saisonal, regional, köstlich. Und erstaunlich kostengünstig.

Doch solange ich mir kein mobiles Kreta für zu Hause

schaffen kann, muss ich andere Lösungen finden. Und dafür gibt es nun mal kein Patentrezept. Was dem einen seine fleischlose Ernährung ist, ist der anderen ihr Paleo, Keto, Domino … Da muss sich wohl jeder alleine durchfummeln und das für sich finden, was sich richtig anfühlt.

Und ich darf im Prozess der Selbstliebe nicht die Selbstfürsorge vergessen. Denn in Stressphasen tue ich eigentlich nichts anderes, als mich zu vergessen. Mich nicht ausreichend um mich selbst zu kümmern. Und ich habe mehr verdient als das. Meine Gesundheit auch.

Werde ich jetzt im Interesse einer schnellen Gewichtsabnahme diäten? Ja.

Weil mir Shakes und Riegel und ein Wecker mit Einnahmeerinnerung in dieser Stressphase unterwegs über die Zeit helfen und mich davon abhalten, noch ungesündere Sachen zu bestellen.

Weiß ich, dass es so viele gesunde Alternativen gibt? Ja.

Ist mir das grade egal? Absolut ja.

Werde ich mich danach wieder mit dem Thema «Gesunde Ernährung» auseinandersetzen? Bestimmt.

Aber mit Hilfe meiner Freundin Ruth. Bei ihr gibt es kein gefährliches Halbwissen, keinen neuesten Ernährungshype, sondern gelebte Praxis und eine ganze Menge Ahnung. Und sie beherzigt die erste Regel des Ernährungs-Clubs: Klappe halten. Niemandem ungefragt ihre Erkenntnisse unter die Nase reiben. Das war das Erste, was sie in ihrer Ausbildung zur Fachberaterin für ganzheitliche Gesundheit und Ernährung gelernt hat.

Und mit dieser Einstellung kriegt sie vielleicht sogar so einen renitenten Sturkopf wie mich überzeugt. Denn das, wo ich langfristig hinwill, nenne ich mal Clean Eating. Darunter versteht man gemeinhin eine Ernährungsweise, bei der man auf industriell verarbeitete Lebensmittel verzichtet und sich im Schwerpunkt oder ausschließlich von Vollwertprodukten ernährt. Das ist natürlich eine tolle Sache, und ich bin sicher, dass Ruth mir dazu einiges erzählen kann. Aber ich meine damit etwas anderes: Ich will essen. Ohne schlechtes Gewissen. Ich möchte keine Kalorienzahl in meinem Kopf haben, bevor ich überhaupt darüber nachdenke, wie es schmeckt, ob es mir schmeckt und ob ich überhaupt grade Lust darauf habe. Sei es nun bei einer Zucchini oder einer Pizza. Beides esse ich. Die eine Sache schmeckt mir nicht, ist aber gesund und einfach zuzubereiten. Also kaufe ich sie, plane sie in meine Ernährung mit ein. Und esse sie jedes Mal ohne Freude und mit viel Pfui Bah im Hinterkopf. Die andere schmeckt mir sehr. Zu gut, wenn ich da wieder eine Wertung hineinbringen will. Aber das will ich auch verlernen.

Ich esse Pizza vielleicht öfter als ich sollte, aber ich esse sie, weil ich sie mag. Sehr mag. Und sie auch dann bestelle, wenn ich gar nicht so unbedingt Lust darauf habe. Weil ich zu faul oder zu beschäftigt oder abgelenkt bin, um mal in mich hineinzuhorchen, was es vielleicht eigentlich ist, das ich grade gerne essen würde (bestimmt keine Zucchini).

Pizza ist immer die einfache Wahl, aber öfter als gedacht gar nicht die Wahl, die ich eigentlich in dem Moment treffen würde. Und wenn man dann keinen Genuss empfindet, was ist das für eine Verschwendung!

Ich will meine Intuition zurück! Ich will essen. Rein von Schuldgefühl, Scham oder Restriktion. Ich will mir nicht was «gönnen» und am Folgetag dafür fasten. Als müsste ich mit jedem Gericht einen Deal eingehen. Ja, ich will Balance. Aber vor allem will ich Essen nicht in Gut und Böse einteilen. Ich will mit Freude essen. Wieder lernen, auf meinen Geschmack zu hören, auf mein Bauchgefühl. Weder kompensieren noch restringieren. Wissen und *spüren*, was meinem Körper grade guttut.

Und meiner Seele.

Body Positivity

Vielleicht fragst du dich, was Diäten in einem Buch über Selbstliebe zu suchen haben. Sollten hier nicht nur Inhalte wie «Lerne, dich zu lieben, wie du bist», «Du bist perfekt so, wie du bist» und «Schönheit ist keine Frage der Kleidergröße» stehen?

Ja. Denn all diese Aussagen sind wahr. Aber sie sind eben nur die eine Hälfte des Prozesses zu mehr Selbstliebe und einem gesunden Körperbild. Denn dein Mindset, deine Einstellung sind in diesem Prozess ganz entscheidend. Aber dein Körper eben auch. Und der braucht Bewegung, Nahrung, Zuwendung und manchmal eben auch eine Gewichtsabnahme.

Lass dir nicht einreden, dass du deinen Körper nicht aktiv verändern darfst, nur weil du lernst, ihn anzunehmen.

Teil der Selbstliebe ist es, einfach mal nur noch auf dich selbst zu hören. Jahrelang wurde dir von außen suggeriert, dass dein Körper dünner, straffer, muskulöser, gebräunter (oder blasser), glatter, «besser» auszusehen hat, um zu genügen. Gerne wurde dabei auch deine Gesundheit als Argument gegen dich verwendet. Denn in unserer Gesellschaft gilt nach wie vor nur ein schlanker Körper als gesund.

Eine liebe Freundin von mir ist Musikerin. Sie lebt den Rock'n'Roll-Lifestyle aus vollster Überzeugung. Sie feiert gerne, trinkt, nimmt gelegentlich die ein oder andere Substanz zu sich, hat noch nie ein Fitnessstudio von innen gesehen und ernährt sich von Fast Food und Zigaretten. Das alles in einer Kleidergröße 34/36 und mit erstaunlich frischem Teint, der wohl noch ihrem zarten Alter von 24 Jahren geschuldet ist.

Neulich saß ich mit ihr und einer gemeinsamen Freundin, ihres Zeichens Plus-Size-Model, einer wunderschönen Frau mit Größe 46 und rundem Belly, zusammen im Restaurant.

Eine Servicekraft brachte uns unser Essen. Nach einem kurzen Blick auf uns servierte sie der Musikerin den Salat mit Hähnchenbrust, mir die Pasta und dem Plus-Size-Model den Burger. Ein Seufzen ging über unseren Tisch.

«Hat die Alte uns grade indirekt gebodyshamed, oder was?», meinte die Musikerin.

Wir tauschten unsere Gerichte aus. Das Plus-Size-Model bekam die Pasta, die Musikerin den Burger und ich den Salat. Triple Fail.

Weil das Model auf Kohlenhydrate steht, die ihr nach einem langen Tag, in dem sie in Wäsche abgelichtet wurde, Energie geben, weil ich grade versuche, Gewicht zu verlieren und meinen Zuckerwert in den Griff zu bekommen. Und weil die Musikerin noch nie ein Salatblatt, das nicht in einem Burger lag, über ihre Lippen hat kommen lassen. Der Nebentisch mit drei halbwüchsigen Jungs mit aufgestellten Polokrägen und Gewinnerlächeln, sowie ihre Freundinnen, die sich einen Salat teilten, belustigte der Tellertausch.

«Ja, schön Nudeln in dich reinstopfen. Fette Sau, hätteste mal lieber den Salat behalten!», raunte der selbsternannte Anführer dieser illustren Truppe wohl etwas lauter als geplant.

«Soo ungesund!», wisperten die drei Salat teilenden Grazien hinterher.

Während ich fast am Rucola erstickte und hustend nach einer Antwort rang, war die Musikerin aufgesprungen und machte das Großmaul rund, bis dieser sich murmelnd entschuldigte.

Derweil aß das ausgeglichene Plus-Size-Model seelenruhig ihre Pasta.

«Ich fass es nicht!», zischte die Musikerin. «Ich lebe den wohl ungesündesten Lifestyle, den man sich denken kann, und wurde noch nie deswegen öffentlich angemacht! Weil ich dünn bin. Das ist echt krass. Viele feiern sogar, dass ich praktisch von Döner lebe und so aussehe! Und du trainierst fünfmal die Woche, ernährst dich ausgewogen, rauchst und trinkst nicht und kannst noch nicht mal in Ruhe nen Teller Nudeln verdrücken. Sick, ey!»

Machen wir uns nichts vor. Ob du gesund bist oder nicht, interessiert diese Menschen nicht, die dich direkt oder unter dem Schutzmantel der Anonymität über soziale Medien mit ihrer Meinung behelligen. Body Shaming, getarnt als Gutmenschentum. Widerlich.

«Ich höre da gar nicht mehr hin», sagte das Model. «Sprüche wie diese habe ich mein ganzes Leben lang gehört. Und noch viel Schlimmeres. Aber jetzt lebe ich ein cooles Leben, reise, kriege Komplimente, verdiene viel Geld mit diesem geilen Körper und habe grade ein Wäsche-Shooting hinter mir!!»

«EAT THIS, BITCHES!», brülle ich und bestelle drei Gin Tonic.

Jahrelang arbeitet man an der Akzeptanz seines ungeliebten Körpers. Man beginnt, sich vom Druck, schlank sein zu müssen, um akzeptiert zu werden, zu emanzipieren. Man findet wieder mehr zu sich selbst, lernt, auch diese hässlichen Stimmen in seinem Umfeld, im Netz und nicht zuletzt im eigenen Kopf zu überhören.

Aber vielleicht gehört zu diesem Prozess auch der Verlust einiger Kilos. Ob sie tatsächlich aus gesundheitlichen Gründen wegsollen, sie ein emotionales Schutzpolster gegen Anfeindungen oder mangelnde Liebe waren oder man sich mit ein paar Kilos weniger einfach wohler fühlt.

Du bist niemandem Rechenschaft schuldig!

Auch nicht der Body-Positivity-Community, die dich vielleicht durch diesen Prozess getragen hat. Jede dieser Frauen (und Männer) hat ihre eigene Geschichte. Parallelen zu deiner eigenen können dich bestärken und dir zeigen, dass du mit deinem Kampf nicht alleine bist. Aber auch jede hat das Recht auf ihre eigene Entscheidung. Das kann für die eine sein, Diäten abzulehnen. Ihren Körper so zu erhalten, wie er war, als sie ihn noch so sehr gehasst hat. Oder eben abzunehmen. Aus welchen Gründen auch immer.

Your body, your rules.

Du hast dich nicht von den verurteilenden Stimmen deiner Vergangenheit gelöst, damit andere dir jetzt in deine Entscheidungen reinreden. Body Positivity bedeutet eben auch Respekt. Vor jedem einzelnen, einzigartigen Körper. Ob schlank, fett, alt, jung, groß oder klein, dunkel, hell, beeinträchtigt oder nicht. Die Überzeugung, dass wir mehr sind als unsere Körper. Und dass wir Respekt verdienen, unabhängig von unserer Hülle.

Sobald wir unseren Körper annehmen als das, was er ist, können wir ihn verändern. Manchmal verändert er sich sogar schon ganz von selbst. Denn Selbstakzeptanz bedeutet nicht, dass dein Körper den Status quo nicht verändern darf.

Nie wieder Sport machen? Nie wieder Gemüse essen? Sich nicht um sich selber kümmern? Wohl kaum. Akzeptanz wird oft unterschwellig mit Untätigkeit oder Resignation gleichgesetzt. Selbstakzeptanz ist aber ein weitaus aktiverer Vorgang.

Vielleicht hilft hier eine kleine Analogie zur Verdeutlichung. Ich bin ein Sommerkind. Das Licht, die Wärme, die Stimmung auf den Straßen, das alles macht mich glücklich. Der Winter ist nicht mein Freund. Erst recht nicht dieser graue, nasskalte, menschenfeindliche Berliner Winter.

Ich habe nun zwei Möglichkeiten:

1. Widerstand leisten:
   Ich akzeptiere einfach nicht, dass der Winter da ist. Ich wünsche mir die ganze Zeit, er wäre vorüber, bin wütend und frustriert darüber. Ich beschwere mich unablässig, bin gestresst und so abgelenkt von meinem Missmut, dass mir die möglichen schönen Seiten mitunter entgehen. Stattdessen erkälte ich mich, werde noch frustrierter und warte in Agonie auf einen Sommer, der hoffentlich kommt. Vielleicht entgehen mir dabei dann sogar die ersten, zarten Anzeichen des Frühlings.
2. Akzeptieren:
   Ich akzeptiere, dass wir Winter haben. Ich muss ihn nicht unbedingt mögen, aber ich kann ihn anerkennen und billigen, dass es nun mal seine Zeit ist. Dann kann ich entscheiden, wie ich am besten damit umgehe. Ich besorge mir warme Sachen, kleide mich in Farben, die das ewige Grau verdrängen. Treffe mich mit Freunden an hellen, warmen Plätzen und genieße den Komfort meiner kuscheligen Couch bei Unmengen von Heißgetränken.
   Entspanne mich. Und buche vielleicht in weiser Voraussicht fürs nächste Jahr einen Trip zu einem sonnigen Plätzchen.

Die zweite Möglichkeit klingt direkt so viel entspannter, bejahender, ja, sogar produktiver, oder?

Dasselbe gilt für die Selbstakzeptanz. Sie verändert die Art, wie wir unseren Körper behandeln und wie wir uns um uns selbst kümmern. Anstatt unseren Körper zu hassen und zu bekämpfen, uns darauf zu fokussieren, was wir an ihm nicht mögen, können wir auch akzeptieren, wie er nun mal ist, und in seinem Sinne und für sein Wohlergehen agieren.

Vorher / Nachher –
und was dann?

Gewichtsabnahme ist also kein Widerspruch zu deinem Wunsch, dich selbst mehr anzunehmen. Aber du solltest den Prozess als etwas betrachten, was du für dich und dein Wohlbefinden tust. Und dies funktioniert nicht aus der Perspektive eines Vorher / Nachher-Bilds.

Warum nicht? Weil du damit wieder die Bestätigung von außen suchst. Weil es suggeriert, dass du «besser» bist, nachdem du abgenommen hast. Dass du ein Ziel erreicht hast, bei dem es vordergründig darum geht, wie du dich äußerlich verändert oder optimiert hast, und nicht so sehr, wie es dir damit geht. Und weil es nicht mit dem Nachher endet.

Wenn du Gewichtsabnahme als etwas verstehst, bei dem es ein Vorher und ein Nachher gibt, vergisst du, dass es schon unendlich viele Vorhers gegeben hat und es mit diesem Nachher nicht vorbei ist.

Unweigerlich wird sich irgendwann ein Gefühl der Enttäuschung und des Scheiterns einstellen. Denn du bist ein Körper im steten Wandel, mal abrupt, kontrolliert, mal schleichend, aber immer menschlich und nicht für Stillstand gedacht.

Mann, ist die Alte demotivierend, denkst du dir grade?

Dann lass mich versuchen, dir den kleinen, aber feinen Unterschied beim Thema Motivation näherzubringen.

Motivation ist für das Projekt Gewichtsreduktion elementar. Denn das ist bekanntlich kein Spaziergang und geht oft mit Rückschlägen und Tiefpunkten einher. Andere in diesen Prozess zu involvieren, kann entscheidend für dein Durchhaltevermögen sein. Ob man von außen nun Bestärkung bekommt oder einfach nicht sein Gesicht verlieren will, spielt dabei keine Rolle.

Aber stoppe die Verherrlichung des Gewichtsverlusts. Mache sie nicht zu einem vornehmlich optischen Ziel, zu einem Nachher-Bild. Denn damit implizierst du, dass etwas an deinem Vorher-Bild nicht gestimmt hat. Aber das warst auch du, derselbe Mensch, dieselbe zarte Seele, dasselbe warme Herz. Nur dicker. Möglicherweise auch ungesünder. Aber soll man das an deinem Aussehen festmachen? Dagegen hast du dich doch immer gewehrt!

Und nachher? Immer noch dieselbe Person. Nur dünner. Vielleicht glücklicher, mit Sicherheit stolz. Aber soll man das an deinem Aussehen festmachen? Dich wieder auf dein Aussehen reduzieren, nur diesmal mit Lob statt Häme? Was hätte sich dann geändert? Die Zahl auf der Waage, die Akzeptanz der Leute. Beides ist ein hauchdünnes Fundament, auf dem du dein Glück, deinen Selbstwert nicht aufbauen solltest.

Gewichtsverlust ist unweigerlich mit Kommentaren Dritter verbunden.

«Hast du abgenommen? Du siehst toll aus!»
«Wow, wie schlank du geworden bist! Was ist dein Geheimnis?»
«Du sahst nie besser aus!»

Und auch wenn solche Kommentare dich erst beflügeln nach der harten Zeit des Durchbeißens und Durchhaltens, können sie eine Menge Schaden anrichten. Denn sie bestärken die Lüge, dass Schlankheit das Beste, das Gesündeste, das höchste Ziel ist. Und jeden Preis wert. Auch den der geistigen Gesundheit. Frauen mit Essstörungen fühlen sich dadurch motiviert, mit ihrem ungesunden Verhalten weiterzumachen, Menschen mit Krankheiten oder Depressionen werden dadurch verletzt.

Einer Kollegin von mir wurden während eines gemeinsamen Fotoshootings laufend Komplimente zu ihrem Gewicht gemacht. Sie sähe umwerfend aus, könnte ja direkt als Model einspringen, wie sie das in so kurzer Zeit geschafft hätte …

Sie sagte nichts dazu, lächelte nur höflich und wechselte das Gesprächsthema. Irgendwann, in einem ruhigen Moment, in dem wir beide unsere Arbeitsbereiche abbauten und unter uns waren, fragte ich sie: «Geht es dir gut?»

«Lustig, du bist die Erste, die mich das heute fragt», antwortete sie. «Irgendwie gehen alle davon aus, bloß weil ich so dünn geworden bin … Ehrlich gesagt, geht's mir gar nicht gut. Ich habe Krebs.»

Aber Menschen wie sie sind nicht die Einzigen, die von

solchen vermeintlichen Komplimenten schwer getroffen werden können. Wenn nach einer Phase des Erschlankens fast unweigerlich wieder die Gewichtszunahme einsetzt, ob extrem oder im Rahmen, verstummen diese «Komplimente» und die Scham setzt ein. Die Scham über unser (erneutes) Versagen, weil wir scheinbar nur schlank etwas wert sind, weil unsere Attraktivität an unser Gewicht gebunden ist. Und dabei müssen diese Kommentare ja noch nicht mal an uns selbst gerichtet sein. Wir müssen sie nur online unter den Vorher/Nachher-Bildern von Fremden lesen, um diesen ewigen Kreislauf aus Außenbestätigung und Scham zu fühlen.

Wir sind mehr als Körper, die betrachtet und bewertet werden. Wo sind die Komplimente zu unseren Talenten und Erfolgen, unserem Charakter, Intelligenz, Verantwortung, unserer Freundlichkeit und unserem Mitgefühl? Wir leiden doch nicht nur unter dem Druck, *wie* Schönheit definiert wird. Wir leiden, weil wir *über* Schönheit definiert werden. Und Schönheit geht im Verständnis der Mehrheit mit Schlankheit einher. Das ist deswegen aber längst nicht zwangsweise richtig und wahr.

Wieso geben wir dem also mit dem berüchtigten Vorher/Nachher-Bild eine Berechtigung? Motivation kannst du dir auch anders holen. Vorausgesetzt, du nimmst nicht ab, um Bestätigung zu bekommen.

Probiere doch mal, über deinen Weg zu sprechen. Warum du es tust und worum es dir dabei geht. Mach es zu deinem Thema, ohne nur in die Bildsprache abzurutschen.

Und artikuliere deinen Wunsch nach Beistand und Motivation. Dass du Kraft brauchst und Bestärkung von außen dir hilft. Feiere auch ruhig Teilerfolge, sei echt und ehrlich. Du wirst sehen, du wirst Unterstützung von den richtigen Menschen erfahren.

Auf meiner Mission zu einem besseren Blutzuckerwert beziehe ich bewusst meine Community mit ein. Einerseits weil ich den Druck auf mich erhöhen möchte, es auch wirklich durchzuziehen. Aber auch weil ich mir Motivation und Zuspruch erhoffe. Aber ich poste kein Vorher/Nachher-Bild von mir, vermesse mich nicht oder zähle die verlorenen Kilos herunter. Weil ich es nicht dafür tue. Und weil ich keine Bestätigung von außen brauche, um mich anzunehmen. Das habe ich mir in vielen Jahren hart erarbeitet.

Erfahrungen mit diesen Kommentaren habe ich trotzdem zur Genüge gemacht. Dafür braucht es kein Vorher/Nachher-Bild. Als Jo-Jo-Mädchen muss man mir nur über einen längeren Zeitpunkt folgen, und schon hat man mit meinen Posts unzählige Vorhers und Nachhers. Vor der nächsten Zunehmphase, nach der letzten Abnehmphase, mittendrin und wieder zurück. Regelmäßig werden meine schlankeren Abbildungen mit wohlgemeinten Kommentaren zu meinem Gewichtsverlust bedacht, oft begleitet von Nachfragen, wie ich das erreicht hätte. Aber es gibt auch die Kommentare, die zeigen, wie schnell Lob ins Gegenteil kippen kann:

«Nicht noch mehr abnehmen. Du hast all deine Kurven verloren.»

«Du warst immer ein Vorbild für uns curvy Frauen. Jetzt bist du so schlank wie alle anderen.»

«Oh nein, du warst vorher so schön weiblich!»

Als wäre mir die Vagina abgefallen. Auf keinem der Bilder sind meine Kurven verschwunden, die Silhouette ist nur schmaler, das Doppelkinn weniger ausgeprägt, der Bauch weniger kugelig. Ich habe auch meine Weiblichkeit nicht verloren, denn das würde ja bedeuten, schlankere Frauen wären nicht weiblich? Das ist Body Shaming par excellence. So funktioniert Body Positivity nicht. Meine Abnahme, sei sie nun temporär oder permanent (ist sie nie), verrät die Sache nicht. Ich muss nicht eine bestimmte Kilozahl auf die Waage bringen, um für das Recht jedes Körpers auf Wertschätzung und Respekt einzustehen. Genauso wenig wie ich lesbisch sein muss, um für die gleichen Rechte für gleichgeschlechtliche Paare einzustehen. Oder ein Tier, um mich für Tierschutz auszusprechen. Genau genommen verraten eben diese Kommentare die Message von Body Positivity, da sie meinem Körper das Recht absprechen, sich zu verändern. Und der Begriff Vorbild, oft niemals erbeten, bedeutet nichts weiter, als dass ich ein Beispiel für eine Frau bin, die in der Medienwelt vor der Kamera arbeitet, ohne dem gängigen Schönheits- und Schlankheitsideal zu entsprechen. Das tue ich auch an der Untergrenze meiner Jo-Jo-Ellipse nicht. Aber vor allem will ich nicht wegen oder trotz meines Körpers und seines jeweiligen Zustands ein Vorbild sein, sondern für das, was ich leiste, erschaffe, wofür ich meine Stimme nutze und einstehe. Eigentlich will ich gar kein Vorbild sein, sondern einfach ich. Mit Ecken und Kanten, Überzeugungen, Widersprüchen und Leidenschaft. Mit Freundlichkeit und Respekt anderen gegenüber, die ich auch für mich einfordere. Und alle meine Shapes and Sizes.

Ich bin kein Vorher. Und kein Nachher. Ich bin ich. Auf einer Reise unzähliger Vorhers und Nachhers, und nicht eins davon kann meine wundervolle Realität, mich, einfangen. Und dich auch nicht.

Sport

Dies wird ein kurzes Kapitel. Denn zu diesem Thema fehlt es mir sowohl an Expertise, als auch an Begeisterung. Oder vielleicht doch nicht?

Sagen wir es mal so: Ich hab's versucht. Bin gelaufen, an Geräten rumgehangelt, habe in Gruppen und alleine bei diversen Körperverrenkungen geschwitzt, mich zu Latino-Rhythmen anbrüllen lassen und diesen Körper zum Hüpfen, Springen, Treten gebracht. Manches ist kurzweilig, einiges schlichtweg stupide und alles immer mühsam. Ihr hört meinen Trotzkopf raus, oder?

Nein, im Ernst, was macht ihr mit eurem Kopf, während der Körper anderweitig beschäftigt ist? Nun, ich werde wohl immer das Mädchen bleiben, das vor einem Workout alle möglichen Gründe findet, nicht hinzugehen, währenddessen nach Möglichkeiten sucht, das Training vorzeitig zu beenden, aber nachher von sich denkt, sie wäre eine marathonlaufende Triathletin mit der Physis einer Gazelle und dem Muskeltonus von Naomi Campbell. Und genau wegen dieses Hochgefühls, der Euphorie und des Stolzes mache ich weiter. Und weil es mir guttut. Denn das kann ich nun mal nicht von der Hand weisen, Sport tut gut.

Also habe ich meine am wenigsten gehassten Methoden gefunden und gehe mich brav bewegen:

- Auf dem Laufband, denn laufen kann das Mädchen. Und mein Laufband im Studio hat Netflix, do I need to say more? Ich kann ganze Staffeln meiner Lieblingsserien durchlaufen, solange mein Kopf nur beschäftigt ist. Bester Beschiss ever!

- Schwimmen. Weil ich meinen Kopf tatsächlich nach einigen Runden ausgeschaltet kriege und gedanklich auf Reisen gehe, während ich friedvoll meine Bahnen ziehe. Zumindest bis eine auf Krawall gebürstete Rentnerin mit Schwimmnudel und Badekappe meine Bahn rückenschwimmend durchkreuzt.

- Yoga, Pilates und Co. Vornehmlich, weil da niemand auf die Idee kommt, die Anweisungen zu brüllen (ich bin doch nicht schwerhörig!), und wegen des Teils mit dem Atmen.

- Das gemeinsame Trainieren in kleinen geführten Gruppen (das hat bestimmt einen schicken englischen Namen, aber um den zu kennen, müsste ich öfter hingehen). Wobei man die Gruppe mit Bedacht auswählen muss, denn mit einem Haufen Streber, die sich da gegenseitig übertrumpfen wollen, wird das bei mir nix. Ich brauche Mädels, mit denen ich solidarisch die Stunde durchmotzen kann.

- Rückentraining. Weil ich muss. Weil ich ohne weder länger sitzen noch stehen oder mich bücken kann. Und das geht nicht. Und weil man sich durch den Schmerz in eine neue Bewusstseinsebene atmen kann. Klingt nicht so prall, ist es aber.

Personal Training ist super. Jemanden zu haben, bei dem ich mich nicht traue abzusagen und der mich die ganze Stunde lang feiert und lobt. Ich bin da wie mein Hund Gretchen: Anbrüllen bringt gar nix. Da leg ich mich hin und stelle mich tot. Bei mir funktioniert nur positive Bestärkung und die Aussicht auf ein Leckerli. Das kann dann im wahrsten Sinne des Wortes auch die Aussicht auf den Trainer und die sich bewegenden Muskelgruppen sein, von denen ich noch nicht mal einen Schimmer hatte, dass da überhaupt natürlicherweise Muskeln vorkommen.

Ich hatte mal einen Trainer in L. A., sein Name war Bryan. Bryan war eine attraktive Steckfigur eben jener beeindruckenden Muskelgruppen mit blitzend weißen Zähnen, die im Sonnenlicht blinkten. Ich weiß bis heute nicht, ob Bryan überhaupt ein Mensch war, aber das war für meine Belange auch absolut unwesentlich. Bryan stand dreimal die Woche morgens um sieben vor meiner Tür und lockte mich nach draußen. Das Bootcamp-Gebrülle hatte er nur einmal an mir ausprobiert und nach meiner Reaktion schnell seine Strategie geändert. Er war halt Profi.

Er lockte mich also mit Belohnungen nach dem Training, von frischem Obst zu irgendwelchen fancy Smoothies mit fancy Zutaten und fancy Namen, die einem in fancy L. A. plötzlich ganz normal vorkamen. Und die Methode funktionierte. Die Tatsache, dass ich Bryan bezahlen musste, ob ich die Tür öffnete oder nicht, half definitiv auch. Ich habe mich noch nie fitter gefühlt. Und mein Körper sah super aus. Wenn ihr euch da jetzt allerdings den Muskeltonus von Frau Campbell vorstellt, habe ich euch eine unrealistische Vorstellung meines Trainings vermittelt. Mein Körper war einfach nur straff, biegsam und dankbar.

Aber um mir Bryan weiterhin leisten zu können, hätte ich im Lotto gewinnen oder ihn heiraten müssen. Beides war ungefähr gleich wahrscheinlich. Und mal ehrlich, könnt ihr euch mich vorstellen, wie ich in Sport-BH und Spandexleggings morgens um vier ungewürzte Hähnchenbrust und Proteinshakes für meinen Göttergatten zubereite? Ich auch nicht.

Leider ist der Hase nicht als Personal Trainer geeignet. Der hat keine Lust, mich durch eine Trainingseinheit zu schieben, in der er spätestens nach fünf Minuten von mir angeschnauzt oder -gefaucht wird. Wer kann es ihm verdenken? Und er ist (zumindest nach eigener Aussage) so viele Fitnesslevels über mir, dass gemeinsames Trainieren nicht funktionieren würde.

Damit hat er zwar recht, aber ich spüre den Faucher schon in meiner Kehle hochsteigen. Also lasse ich ihn seine Navy-Seal-Ninja-Warrior-Crossfit-Trainings alleine machen und gehe derweil schwimmen, laufen, atmen, Instagram-Stories aufnehmen. A girl's gotta do what a girl's gotta do …

Und ich warte auf den Frühling. Denn in der frischen Luft klappt Bewegung noch viel besser. Beim ersten Sonnenstrahl, der länger als bis 16 Uhr durchhält, schnappen sich meine beste Freundin Agnes und ich unsere Nordic-Walking-Stöcke, das Gretchen, und ab geht's in die Wälder Berlins. Sollen sie doch alle in ihren Trendsportarten glänzen, Agnes und ich durchpflügen wie gut gelaunte Seniorinnen die Waldwege. Und machen wir uns nichts vor: So lang ist es nicht mehr hin, bis man aufhört, uns zu fragen, wo wir unsere Skier verloren hätten und man uns als Best Ager in ihrem natürlichen Habitat akzeptiert. Wir sind dann vorbereitet.

Warum ich euch von all meinen Bemühungen, mich zu bewegen, erzähle? Um anzugeben ja wohl ganz offensichtlich nicht. Nein, weil ich gemerkt habe, wie wichtig Sport oder besser Bewegung für die Selbstliebe ist. Training ist die Begeisterung darüber, was dein Körper zu tun imstande ist, und keine Bestrafung für das, was du gegessen hast. Nicht nur dein Körper muss sich deinen Bedürfnissen und Wünschen anpassen, auch du musst dich um ihn kümmern. Und wenn du das tust, ihn mit Liebe und Sorgfalt behandelst – und dazu gehört eben auch, ihn zu bewegen –, dankt er es dir auf mannigfaltige Weise. Und der optische Aspekt ist dabei allenfalls ein zusätzliches Goodie.

Gesundheit

Wenn man sich als Frau jenseits der Kleidergröße 40 in unserer Gesellschaft bewegt, wird man früher oder später mit der Meinung anderer über die eigene Gesundheit konfrontiert. Heuchlerische Stimmen oder Online-Kommentare, die unter dem Deckmantel der Besorgnis Body Shaming betreiben. Man kann nur so vor Gesundheit strotzen, aber wenn man dabei nicht rank und schlank ist, ist man vor solchen Kommentaren nicht gefeit.

Noch viel wichtiger aber ist der Punkt, dass man nicht gesund sein muss, um sich diese Anfeindungen zu verbitten. Genauso wenig, wie jede schlanke Person gesund ist, ist jede übergewichtige oder kräftigere krank. Aber wenn sie es ist, wenn ihre Werte schlecht sind, sie vielleicht sogar an Adipositas leidet und den vielen Begleiterscheinungen, die damit einhergehen – wie unfassbar unsensibel und respektlos sind dann solche Kommentare wie:

«Verstehe nicht, wie du dich so präsentieren kannst. Damit promotest du ja Fettleibigkeit!», oder: «Das kann doch nicht gesund sein! Anstatt dich so zu zeigen, solltest du was dagegen tun!»

Wer hat diese Menschen erzogen, dass sie keine Spur von Mitgefühl zeigen oder zumindest ein Mindestmaß an Höflichkeit? Die Tatsache, dass sich vermehrt dicke Frauen (und dick ist ein beschreibendes, *kein* bewertendes Adjektiv!) trauen, sich schön anzuziehen, sich zurechtmachen und sich nicht mehr verstecken oder darauf warten, all diese Dinge zu tun, wenn sie möglicherweise jemals etwas weniger wiegen, ist wahnsinnig wichtig.

Denn diese Frauen arbeiten daran, mehr Selbstliebe zu entwickeln. Meist nach Jahren der Ablehnung des eigenen Körpers. Und das tun wir doch alle, egal, wie wir nun gebaut sind. Wer sagt denn, dass sie nichts dagegen tun? Und was spielt das für eine Rolle? Vielleicht sind sie mittendrin. Oder sie sind müde und haben es satt, ständig gegen die Kilos zu kämpfen. Vielleicht lernen sie, ihre eigene Schönheit jenseits der gängigen Norm zu finden und anzunehmen. Traumata und Verletzungen aus der Kindheit und Jugend zu überwinden. Keine dieser Frauen postet ein Bild von sich im Bikini oder modischem Outfit und schreibt dazu: «Mach's wie ich, werde dick! So much fun!»

Weil es eben kein Spaß ist, in unserer Gesellschaft dick zu sein. Oder sonst irgendwie nicht der Norm zu entsprechen. Stattdessen benutzen die Frauen Social Media, um Gleichgesinnte zu treffen, Accounts, die ihnen helfen, mehr Selbstvertrauen aufzubauen, Solidarität und Unterstützung zu erfahren. Ihre Stimme zu nutzen, sich zu zeigen. Und das zu Recht. Und im Bestfall nicht nur untereinander. Denn das ist keine Exklusivveranstaltung, in die sich nur Hater verirren, um ihr Gift zu verspritzen, und ansonsten möchte man da unter sich bleiben. Nein, es geht darum, aufzuzeigen, dass Diversität existiert. Und dass jeder Respekt verdient. Und eine Plattform.

Es ist an der Zeit, dass wir lernen, die Unterschiede als etwas Gutes, Reiches zu verstehen, etwas, das uns Neugier und Verständnis beibringen soll, anstatt uns voneinander abzugrenzen. Kein Mensch, der ein Bein verloren hat und auf Instagram und Co. zeigt, wie er oder sie das Leben meistert, sagt damit: Hack dir auch das Bein ab! Ein schwules Paar, das ein Bild von sich und ihrem Kind postet, stellt heterosexuelle Familien damit nicht in Frage. Warum auch? Sie leben einfach nur ihr Leben und teilen ausgewählte Momente mit Freunden oder der Öffentlichkeit. Nur weil wir häufiger Bilder von heterosexuellen Familien sehen, mehr unversehrte Körper oder eben schlanke, weiße, junge, darf das nicht heißen, dass diese Bilder den einzig richtigen Weg darstellen, die einzige Form der Schönheit. Und dass die Zurschaustellung jedes anderen Lifestyles, einer anderen Kultur, Form von Liebe und Beschaffenheit eines Körpers ein Affront ist.

Schönheit existiert in allen Formen und Größen. Und Farben. In jedem Alter. Und ist nicht der Schlüssel zu unserer Daseinsberechtigung auf diesem Planeten. Genauso wenig wie Gesundheit. Sie sollte unser höchstes persönliches Gut sein, geht aber eben sonst auch niemanden etwas an. Unsere Gesundheit bestimmt nicht unseren Wert in der Gesellschaft. Wir dürfen krank sein und wollen wertgeschätzt werden. Wir schulden niemandem Gesundheit, um Respekt erfahren zu dürfen.

Was tatsächlich ungesund ist, sind diese hässlichen Kommentare, denn sie greifen gezielt die geistige Gesundheit an. Jeder Hater verletzt nicht nur die Gefühle seines Opfers, sondern muss auch verantworten, einen Menschen in seiner Entwicklung, im Prozess des Erlernens eines gesunden Selbstbilds massiv zu stören, wenn nicht sogar zurückzuwerfen. Und was das letztendlich über ihn oder sie aussagt, ist nicht nur offensichtlich, sondern eigentlich auch tieftraurig. Denn wer nicht an seinen eigenen Verletzungen und Traumata arbeitet, greift sein Umfeld an. Ein ungeliebtes Kind fordert Liebe (und Aufmerksamkeit) auf die unschönsten Arten und Weisen ein. Es bittet nicht höflich darum, es schreit und tritt und benimmt sich daneben. Oder es zieht sich zurück und frisst den Kummer in sich hinein.

Der Umgang mit Schmerz mag sehr unterschiedlich sein, aber die Verletzung bleibt. Was immer einen an dem Bild einer fremden Person so triggert, dass man sich veranlasst fühlt, einen negativen Kommentar abzulassen, anstatt einfach weiterzuscrollen, sollte einem im Bestfall Anlass geben, darüber nachzudenken, warum das eigentlich so ist. Und was man in Wahrheit damit bezweckt oder kompensiert.

Gesundheit ist nämlich nicht nur, was man isst. Und wie viel. Es ist auch, was man denkt und sagt. Oder man bleibt ein Arschloch. Aber dann doch bitte eines, das die Klappe hält.

Teil 4

Selbstbewusstsein: Pflicht

Selbstwahrnehmung

Ich werde häufig gefragt: «Wie machst du das bloß, so selbstbewusst zu sein?»

Genau genommen ist das eine recht freche Frage, weil sie doch impliziert, dass es verwunderlich ist, dass ich so bin. Als wäre ich irgendetwas zum Trotz selbstbewusst. In der Regel bezieht sich das auf meine Figur.

«Was für eine Frechheit!», antworte ich dann konsequent und verunsichere die Fragerin noch mehr damit. Da muss sie jetzt durch. Erstens weil sie die Antwort verdient hat und zweitens, weil den meisten in dem Moment schon ein Licht aufgeht. Aber schnell erlöse ich sie: «Warum sollte ich es denn nicht sein, Liebes?», frage ich lächelnd zurück.

Denn genau da liegt ja der Hund begraben: dass die Fragerin und Tausende anderer Frauen davon ausgehen, dass Selbstbewusstsein etwas ist, das man sich verdienen muss. Sei es durch ein attraktives Äußeres, eine schlanke Taille, einen guten Job, die perfekte Familie, was auch immer.

Aber Selbstbewusstsein ist kein Bonus, den man zu einer dieser «Leistungen» mitgeliefert bekommt. In Wahrheit verhält es sich oft genau andersherum: Hat man das Selbstbewusstsein nicht, hilft auch kein schlanker, trainierter Körper, kein volles Haar, keine geraden Zähne.

Du musst nicht «besser» werden, um selbstbewusst zu sein. Es gibt keine bessere Version von dir selbst. Es mag eine gesündere oder glücklichere Version geben, aber gut und wertvoll bist du zu jeder Zeit.

Sei dir deiner selbst «bewusst». Nimm das mal ganz wörtlich. Wer bist du? Was bist du? Keine Angst, du musst da jetzt weder metaphysisch noch philosophisch oder tiefenpsychologisch rangehen. Mach einfach eine Liste mit zwei Spalten, links für die äußerlichen Merkmale und rechts für deine inneren Werte und Eigenschaften. Leg los, schreib alles auf, wie es dir in den Sinn kommt!

Es gibt nur eine Regel: Keine Wertung! Anstatt «zu klein» schreibe «klein». Statt «Zinken» «große Nase». Statt «dellige Oberschenkel» «Cellulite». Versuche, dich zu beschreiben, wie es ein Fremder bei einer Zeugenaussage tun würde. Gehe bei der Liste deiner Eigenschaften genauso vor. «Ungeduldig», «laut», «liebevoll», «neugierig», «stur», «ängstlich» …

Wenn du es nicht sofort hinkriegst, schreibe erst mal alles intuitiv herunter und lass die Liste dann liegen. Am nächsten Tag liest du noch mal drüber. Siehst du da schon die vielen kleinen Abwertungen, die Kritik? Redigiere deine Liste. Unabhängig davon, wie du es empfinden magst, streichst du alle Wertungen raus, bis die Liste nur noch beschreibt.

Was bleibt, das bist du. Und das ist genug. Und wert, angenommen zu werden. Geliebt zu werden. Zuallererst von dir selbst.

Aber einen Schritt nach dem anderen. Werde dir deiner selbst bewusst. Du musst nicht alles können, alles sein. Es reicht, du zu sein! Und als ersten Schritt gewöhnst du dir die Selbstkritik ab. Niemand ist so hart zu dir wie du selbst. Nicht einmal deine Mutter, der Partner, die Schulkameraden, die dich kleingehalten, ständig kritisiert oder gemobbt haben. Ja, diese Wunden sitzen tief. Und je früher sie dir zugefügt wurden, desto verwachsener sind sie mit dir und deiner Selbstwahrnehmung. Aber das macht die Verletzungen, die dir zugefügt wurden, nicht automatisch wahr. In manchen Fällen ist es sinnvoll, das Erlebte aufzuarbeiten, auch mit Hilfe. Es gibt nichts, wofür man sich dabei schämen müsste. Vieles kannst du aber auch selbst anpacken. Was du im Rückblick, mit einiger Distanz, verzeihen kannst, verzeih es. Nicht weil die Person es verdient, dass ihr verziehen wird, sondern weil du es verdienst, um abzuschließen, nach vorne zu gucken und weiterzumachen. Was unverzeihbar ist, lass unverzeihbar sein. Aber lass es enden.

Nimm dir dafür Zeit, aber gehe es an. Und beginne damit, dir die negativen Gedanken zu verbieten. Ich mache das. Wann immer ich mich dabei erwische, wie ich über mich oder andere negativ denke, unterbreche ich diesen Gedankengang bewusst und sage mir: «Stopp, Miya, du bist besser als das!» Das bedeutet nicht, dass man nicht auch mal denkt, man selbst oder der andere hätte etwas anders machen können oder war in der ein oder anderen Situation ungerecht. Aber bewerte dich und andere nicht vorschnell. Ich habe mich so von jeglichem Neid befreit. Und das ist in der Tat sooo befreiend!

Wenn du beginnst, dich selbst zu erkennen, ohne dich ständig zu kritisieren, ändert sich deine Sicht auf dich und andere.

Ich weiß von mir selbst: Ich habe viele Haare, große, kurzsichtige Augen, volle Lippen, lange Ohrläppchen, schiefe Zähne, einen großen Busen, eine schmale Taille, eine breite Hüfte, einen langen Rücken, kurze Beine, breite Füße und einen Kugelbauch. Nichts davon ärgert mich oder muss nach meiner Auffassung verändert werden, damit ich genug bin, damit ich gut bin. Wenn ich mir meine Zähne richten lasse, habe ich gerade Zähne. Wenn ich abnehme, habe ich einen flachen Bauch. Aber ich bin immer noch ich. Nicht besser, verbessert oder mehr wert. Nur gerade und flach, wo ich vorher schief und rund war. Und vielleicht auch wieder rund werde. Punkt.

«Habe ich zu wenig Busen für dieses Kleid?», hat mich mal eine Kandidatin bei *Schrankalarm* gefragt.

«Nein, zwei sind vollkommen okay», antwortete ich.

Wenn deine Selbstwahrnehmung und die anderer immer freier von Bewertung wird, ändert sich zwangsläufig deine Sprache. Diese kann dir aber auch helfen, negative Gedanken umzuformulieren. Wenn du abwertendes Vokabular aus deinem Wortschatz streichst, wird automatisch jede Aussage wertschätzender oder zumindest neutral.

Keine Sorge, es lässt sich aber immer noch herrlich lästern. Wir Frauen lassen ja gerne mal Dampf ab, gemeinsam mit Freundinnen kann es etwas Verbindendes und höchst Amüsantes haben. Das Ziel von Lästereien sollte aber nie aus dem direkten Umfeld sein oder etwas davon mitbekommen. Das versteht sich hoffentlich von selbst. Dafür gibt es ja zum Beispiel die wunderbare Erfindung Trash-TV. Man stellt sich freiwillig in einem abstrusen Format mit oft fragwürdigem Konzept zur Belustigung der Leute vor die Kamera und bekommt dafür Geld, seine 15 Minuten Ruhm und Instagram-Follower. Ein fairer Deal. Und wir können Lästern üben, das nicht geprägt ist von abwertenden Begriffen. Da kann man ganz schön kreativ werden!

«Das viele Haar», «Die Lippe», «Die Notfallpeitsche» (die besagte Kandidatin selbst mitgebracht und so betitelt hat) sind doch treffende Umschreibungen von «Bachelor»-Kandidatinnen. Jeder, der das Format verfolgt, weiß, wer gemeint ist, und wir haben gelacht, ohne zu beleidigen. Da sind allenfalls mal Kleider hässlich, aber die haben ja keine Gefühle. Und zu sagen, man *findet* jemanden doof (am besten mit Begründung), ist so viel besser als zu sagen, die Person *sei* doof.

Aber lass uns hier nicht päpstlicher als der Papst werden, ich denke, du verstehst den Unterschied, aber vor allem den positiven Einfluss auf deine Denkweise und dein Empfinden, wenn du deine Wortwahl veränderst. Selbst beim Lästern!

Selbstbewusstsein

Wenn du verinnerlicht hast, Negativität aus deinen Gedanken und deinem Wortschatz zu streichen, bist du schon ein ganzes Stück vorangekommen. Sei stolz auf dich!

Der nächste Schritt ist nämlich schon ein wenig anspruchsvoller. Denn jetzt musst du dich damit auseinandersetzen, dass dich nicht jeder mag. Und dass das vollkommen okay ist.

Noch schwieriger ist, dich auch den Dingen, die du an dir selbst nicht magst, zu stellen und zu lernen, sie anzuerkennen, ohne Selbsthass. Eigene Makel zu akzeptieren, ohne zu richten. Negative Gefühle auf positive Weise zu konfrontieren, anstatt sie zu unterdrücken. Puh.

Wir Frauen tun uns schwer damit, nicht zu gefallen. Immerhin wurden wir so erzogen und geprägt. Gute Manieren haben, niemanden unterbrechen und immer für ein ansprechendes Äußeres sorgen (so war es zumindest bei mir). Weil es (vermeintlich) unseren Wert in der Gesellschaft bestimmt. Aber Selbstbewusstsein ist nicht: «Sie mögen mich.» Selbstbewusstsein ist: «Es ist okay, wenn sie es nicht tun.»

Natürlich wollen wir geschätzt werden, aber wir brauchen nicht die Bestätigung anderer, um uns anzunehmen, keinen «Genehmigt»-Stempel auf der Stirn. Ich habe das während meiner langen Reise mit meinem sich verändernden Körper lernen dürfen. In den Zwanzigern war ich schlank, übersexualisiert und wurde begehrt, aber nicht geliebt (großer Unterschied!). In den Dreißigern habe ich zugenommen, wurde gemobbt, aber auch geliebt. In den Vierzigern ist es nun ein ewiges Auf und Ab, präsentiere ich mich der Öffentlichkeit, werde abgelehnt und angenommen, und auch geliebt.

Und irgendwo dazwischen habe ich mich trotz Gegenwind gefunden und mich lieben gelernt. Hätte ich dabei auf die Erlaubnis von irgendwem gewartet, ihr würdet mich heute nicht fragen, wie ich es schaffe, so selbstbewusst zu sein. Mit Anfang vierzig im Job plötzlich vor die Kamera zu wechseln, war dabei eine hilfreiche Lektion. Mit dem Beginn von *Schrankalarm* ging für mich ein kleiner Traum in Erfüllung. Und der war nicht, «berühmt» (ach komm, lassen wir mal die Kirche im Dorf: «bekannt») zu werden, sondern erstmals meine Stimme zu nutzen, meine Gedanken zu teilen – und ja, ich gebe es gern zu, auch nicht mehr so viel hin- und herschleppen zu müssen.

Wovon redet sie da, fragt ihr euch? Dazu nur kurz: Stylistin ist kein Glamourjob, wie man sich das gerne mal vorstellt. Assistentinnen, die sich bei mir, topgestylt und frisch geföhnt, mit den Worten vorstellten, sie hätten immer schon davon geträumt, Shopping zu ihrem Beruf zu machen, habe ich lachend nach Hause geschickt. Die Realität findet meist hockend zwischen unzähligen Paketen,

Lieferscheinen und Kleidersäcken statt. In bequemen Klamotten, die schmutzig werden dürfen, und Sneakers, in denen man lange laufen und stehen kann. Ob du geschminkt, geföhnt oder gar parfümiert bist, juckt im Arbeitsalltag niemanden wirklich. Die Tage sind lang, wahrlich kreativ wirst du eher zwischendurch bei freien Strecken. Einkaufen bedeutet, mit Listen, die abzuarbeiten sind, von Laden zu Laden zu rennen, das Angebot zu scannen und gerne mal für einen schwarzen Rollkragenpullover in M durch die halbe Stadt zu fahren. Der Rest ist viel Organisation, Pakete ein- und auspacken, abholen und versenden, Leute abstecken und viiiel Liebe zum Beruf. Teamliebe. Und schleppen, mein Gott, so viel schleppen. Warum müssen Klamotten nur so schwer sein?

Sosehr ich meine Arbeit liebte und noch bis heute liebe, die Aussicht auf einen Job ohne zentnerschwere Taschen und Kleidersäcke klang sehr verführerisch für mich. Und außerdem war meine Expertise gefragt. Das ist ein schönes Gefühl und eine tolle Herausforderung nach über zwanzig Jahren im Beruf.

Aber natürlich habe ich den Job komplett unterschätzt. Und damit meine ich nicht die langen Drehtage, das viele Reisen, die Belastung, mit dem Partner zu arbeiten. Es ist vor allem die Verantwortung, plötzlich Frauen anzuziehen, die ihr Leben lang hilflos oder verunsichert waren. «Echte» Menschen, die mit Mode wenig zu tun hatten oder sie zum Verstecken nutzten, die ihren Körper nicht annehmen konnten. Knapp hundertfünfzig großartige Frauen habe ich getroffen, mit ihrer Geschichte, ihren Ängsten und Wünschen. Und man selbst hat nur einen Tag mit ihnen, soll erfassen, wie sie ticken, wo die Hilfe am dringendsten gebraucht wird und was ihr Geschmack ist. Denn unser Anspruch war ja, niemanden zu verkleiden, sondern eine Hilfestellung zu geben, die nachwirkte, wenn wir wieder weg waren. Und positiv zu bestärken.

Ich habe es geliebt. Und so viel gelernt. Neben der Erkenntnis, dass wir Frauen alle, unabhängig von unserem Bodytype, Alter und Umfeld, in einem Boot sitzen im Kampf um mehr Selbstakzeptanz, habe ich aber auch gelernt, loszulassen. Das war ein wichtiger Schritt für mich und mein Selbstbewusstsein, denn TV-Drehbedingungen sind alles andere als egofreundlich. Die Kamera zaubert dir gerne optisch fünf Kilos dazu. Das ist ein linsentechnisches Phänomen, das bei niemandem Begeisterung hervorruft. Außerdem waren die Drehorte räumlich oft beengt. Wir mussten ständig Betten abbauen und Möbel umräumen, um vor den Schränken drehen zu können. Und standen dann zu sechst mit zwei Lampen in kleinen Räumen, die sich auch gerne aufheizten, weil man wegen des Tons keine Türen oder Fenster öffnen konnte. Während sich also Kamera- und Tonmann mit der Redakteurin ihre Fleckchen suchten, klemmten Manuel und ich mit der Kandidatin vorm Schrank.

Ein vorteilhafter Winkel wie beim Instagram-Selfie? Weit gefehlt! Es wurde im Profil, ins Ohr, von hinten, von unten, in geradezu erschreckender Nahaufnahme und unter grausamen Lichtbedingungen draufgehalten. Und was jetzt irgendwie nach unappetitlichen Pornoaufnahmen klingt, fühlte sich oft genau so an. Zu nah, zu intim, überrealistisch. Schlaf- und Bewegungsmangel (wie viel bewegt man sich zwischen Schrank und Nähplatz in einer kleinen Wohnung voller Menschen?), Frischluftentzug, jeden Tag bestelltes Essen, schnell zwischen zwei Takes runtergeschlungen, Süßigkeiten zum Durchhalten.

Während der Staffel konnte ich mir beim Auseinandergehen zuschauen und den Zeitpunkt des Drehs an der Dicke meiner Tränensäcke ablesen. Und das Ganze im Lichte der Öffentlichkeit. Dazu kam das neu entfachte Interesse an meiner Person, Kommentare auf der Facebookseite der Sendung, die jede noch so hämische *Shopping-Queen*-Teilnehmerin zum Erröten gebracht hätten, während ich mehr und mehr unter Schichten dicken TV-Make-ups verschwand. Und wow, was wurde ich da auseinandergenommen. Nichts war vor den Augen der Zuschauer sicher: mein Aussehen, meine Outfits, meine Stimme, meine Art.

Was hilft: bei all den negativen Beiträgen nicht die vielen positiven Kommentare zu überlesen. Wir tendieren dazu, Häme und Kritik, ob berechtigt oder nicht, sehr viel leichter anzunehmen als Lob. Was noch besser hilft: in den Selbstschutzmodus wechseln und gar keine Kommentare mehr lesen.

Mein Wert, meine Berechtigung sind nicht vom Urteil anderer abhängig. Weder von dem Mann, den ich liebe – auch wenn ich ihm natürlich gefallen möchte –, noch von meiner Mutter, hinter deren Kritik immer die Angst steckt, ich könnte es schwer im Leben haben. Und mit Sicherheit nicht von der unqualifizierten Meinung wildfremder Menschen, die ihre Frustration irgendwo abladen müssen.

Nennen wir es eine Herausforderung. Und eine wichtige Lektion. Wenn du die Parameter einer Situation nicht ändern kannst, lass los. Ändere deine Einstellung zur Situation. Nimm sie an, dann kannst du sie wieder beherrschen. Ich habe gelernt, mich zu ertragen, sei es im Profil, mit von unten gefilmtem Doppelkinn, von hinten, unter frauenfeindlichen Lichtbedingungen und mit allen Kilos, den realen und den von der Kamera geschenkten. Ich habe gelernt, es nicht so wichtig zu nehmen. Damit habe ich mir selbst ein Geschenk gemacht: Gelassenheit. «So isses nun mal» wurde mein Leitsatz. Mit jeder Eitelkeit, die ich fahren ließ, konnte ich mehr Frieden mit meinem Erscheinungsbild schließen, so unvorteilhaft es auch sein mochte.

Dieses Geschenk habe ich behalten. Ich kann mich in vorteilhaften Winkeln ablichten und mir mein Licht suchen, aber ich kann mich auch mit T-Shirt in die Leggings gestopft filmen lassen, meinen Kugelbauch unkaschiert präsentieren, um den Hosenschnitt anschaulich erklären zu können. Weil ich beides bin, die vorteilhafte und die unvorteilhafte Version. Keine davon ist echter als die andere oder besser. Das bin alles ich. In meiner strahlenden, kugelrunden, selbstbestimmten Authentizität. Und noch so viel mehr als das bin ich: meine Persönlichkeit, meine

Ausstrahlung, mein Intellekt, meine Begabung, meine Verantwortung, meine Stimme, mein Herz. Die sind der Kitt, der meine perfekt unperfekte Hülle zusammenhält. Das, was mich ausmacht.

Du musst für diese Lektion nicht vor die Kamera, geschweige denn in die Öffentlichkeit. Unzufriedenheit mit deinem wahren, ungefilterten Ich wirst du kennen. Und vielleicht sind die kritischen Stimmen in deinem Umfeld auch laut und gnadenlos. Aber sie spielen keine Rolle für deinen Wert. Selbstbewusstsein bedeutet nicht nur, selbstbewusst mit dem eigenen Aussehen umzugehen: Wahres Selbstbewusstsein kommt von dem, wer du bist, was du für dich und andere tust, was du zur Gesellschaft beiträgst. Diese Erkenntnis kannst du dir erarbeiten. Sie kann dir aber auch einfach geschenkt werden.

Nimm sie an.

Die neue Freiheit

Du lernst, dich zu erkennen und anzunehmen. Du lernst, deine Einstellung zu ändern, deine Denkweise, dein Vokabular. Du lernst, dass du nicht die Erlaubnis anderer brauchst, um deinen Wert zu bestimmen. Denn dein Leben ist nicht deins, wenn du dich permanent darum scherst, was andere über dich denken.

Aber hast du schon mal darüber nachgedacht, was wäre, wenn dich niemand mehr beurteilen würde, wenn jeder Mensch nicht mehr über den Körper, das Aussehen definiert werden würde? Was würde sich dadurch verändern? Was wäre, wenn du nie den Gedanken hättest, dass dein Körper anders aussehen sollte?

Was wäre, wenn deine Entscheidungen, welches Studium du beginnst oder ob du überhaupt studierst, ob du heiratest, Kinder kriegst oder nicht, aus einem Gefühl der kompletten Freiheit und Autonomie heraus getroffen werden würden? Wer wärst du dann?

Was würde das in unserer Gesellschaft verändern?

Spinnen wir diesen Gedanken mal einen Moment weiter:

- Würden so viele werdende und frischgebackene Mütter über ihren sich verändernden Körper verzweifeln?

- Würden wir so viele Schönheitsoperationen und Beautybehandlungen vornehmen lassen und so viele Produkte kaufen? Würde es so viel Werbung geben?
- Würden wir mehr darüber reden, wie sich unser Wohlbefinden steigern lässt, anstatt wie sich unser Aussehen «verbessern» lässt?
- Würden wir befreiter ins Fitnessstudio gehen oder körperlich aktiver werden, wenn wir die Angst verlören, blöd von der Seite angeguckt zu werden?
- Wären Frauenkörper in der Werbung nicht länger Sexualobjekte?
- Würden wir mehr realistische Abbildungen und mehr Vielfalt in den Medien sehen?
- Gäbe es noch Photoshop?
- Würden wir unsere Partner anders wählen?
- Würden wir uns mehr zutrauen, uns für hohe Posten und Ämter bewerben, uns für mehr Dinge einsetzen?
- Würden wir weniger über unsere äußere Erscheinung reden?
- Gäbe es weniger Mobbing?
- Würden wir uns freier anziehen, unserem persönlichen Geschmack mehr vertrauen?
- Gäbe es weniger sexuelle Übergriffe?
- Müssten wir uns weniger mit der Fremdbestimmung unserer Körper, gerade in Bezug auf Verhütung, Schwangerschaft und Abtreibung, befassen?

Die Fragen könnten ewig so weitergehen, aber ich mache hier mal einen Punkt und stelle die eine Frage, die mir in diesem Moment besonders wichtig erscheint:

Wenn du wirklich absolut frei von der Bewertung anderer wärst, würdest du immer noch alles genau so machen, wie du es jetzt tust?

Es lohnt sich, mal in Ruhe darüber nachzudenken.

Aushalten

Schau dich an. Wie hart du an dir arbeitest. Wie du dir ein gesundes Selbstbild und den respektvollen Umgang mit dir und deiner Umwelt erkämpfst. Dein Selbstbewusstsein aufbaust. Du durchbrichst alte Denkweisen, verlernst bewusst antrainiertes Verhalten. Was für ein Kraftakt. Und was ist der Effekt? Er betrifft nicht nur dich und dein Leben, sondern du beeinflusst auch die Gesellschaft um dich herum.

Eigentlich müssten wir jetzt eine Parade für dich abhalten! Ein cleveres Mädchen wie du hat sich vielleicht mittlerweile eine Community aufgebaut, auf Social Media und noch besser im realen Leben, die dich auf deinem Weg bestärkt. Bravo!

Aber du bist jetzt an einem Punkt, an dem du verstanden hast, dass dein gesundes Selbstbild und dein Selbstbewusstsein nicht davon abhängen, dass du denkst, dein Körper sieht gut aus, sondern dass sie von der Gewissheit getragen werden, dass dein Körper gut *ist*, unabhängig davon, was du denkst, wie er aussieht. Und was andere denken.

Das war nicht leicht und ist auch noch ein langer Weg, bis es dir in Fleisch und Blut übergegangen ist. Bis dahin musst du dich immer wieder von neuem daran erinnern.

Selbstachtung und Selbstbewusstsein sind so wichtig. Du kannst dich großartig fühlen, ohne einen Gedanken daran zu verschwenden, ob du dabei vorteilhaft, schön oder begehrenswert aussiehst. Du fängst an, dich gut mit dir zu fühlen, während und weil du an *dir* arbeitest, nicht nur an deinem Aussehen.

Dies ist die Zeit, dir Ziele zu stecken und diese nach und nach zu erreichen. Deine Talente und Stärken auszubauen, deinen Charakter zu festigen, Dinge zu finden, für die du dich einsetzen willst (wenn du diese nicht schon längst gefunden hast), den Respekt dir und anderen gegenüber zu verfeinern und auszubauen.

Du musst durchhalten, auch wenn keiner für dich klatscht. Aber du kannst das, auch ohne Applaus und Standing Ovations. In diesen Zeiten musst du für dich selber klatschen! Du musst immer dein größter Fan sein. Dann kommen die anderen von alleine!

Teil 5

Selbstliebe: Kür

Die erste Liebe

*A*ushalten. Durchhalten. Für sich selbst klatschen. Wow, das klingt tough. Nach permanentem Rücken durchdrücken, Kinn recken, Muskeln spielen lassen, Zähne blecken. Da kriegt man vom Lesen ja schon Verspannungen.

Während deiner Reise zu mehr Selbstbewusstsein, deiner Transformation zu einer selbstbestimmten Frau wirst du dich manchmal fühlen, als würde alles auseinanderfallen. Aber in Wirklichkeit fallen die Dinge zusammen, zu deinem Besten. Du wirst sanft dazu gezwungen, dich zu entwickeln, deine Komfortzone zu verlassen, sodass du deine wahre Großartigkeit leben und erleben kannst.

Begrüße die Veränderung, nimm sie ganz fest in den Arm!

Selbst wenn der Wandel auch mal wehtun kann. Nicht alle werden positiv darauf reagieren, wenn du aufhörst, dich zu verstecken. Wenn du deinem Geschmack vertraust und nicht als Erstes darauf schielst, ob es vorteilhaft aussieht. Und wenn du für deine Meinung einstehst oder eine unpopuläre Entscheidung zugunsten deines Wohlbefindens und deiner geistigen Gesundheit triffst.

Das sind die Momente, in denen du zu deinen Entscheidungen stehen musst. Du wirst sehen, das macht dich stark. Und es fühlt sich gut an. Aber manchmal macht es einen eben auch müde. Hier kommt Selbstliebe ins Spiel.

Während Selbstbewusstsein und Selbstbestimmung viel von dir fordern, um zu deinem wahren, authentischen Ich zu wachsen, und dir auch eine Menge Aufarbeitung alter Verletzungen abverlangen, schaut die Selbstliebe nicht zurück. Sie erwartet nicht. Sie gibt.

Erinnerst du dich an deine allererste Liebe? Voller Unschuld und ohne eine Ahnung, was Schmerz, Zurückweisung und Betrug überhaupt sind? Was Liebe eigentlich ist, außer einem warmen Gefühl in der Bauchgegend? Klar, wer erinnert sich nicht an seine erste große Liebe.

Meine erste Liebe war George Michael, dicht gefolgt von Adriano Celentano. Richtet nicht, mein Herz ist groß. Meine Mutter betrachtete kopfschüttelnd die Poster in meinem Zimmer und rätselte, wieso ihre unschuldige Tochter sich jetzt ausgerechnet für stark behaarte südländische Männer begeisterte. Singende Föhnwellen und tanzende Hutträger. Aber das Herz will, was das Herz will. Man kann sagen, ich habe früh meinen Typ gefunden.

Damals hatte ich keine Ahnung, dass meine Liebe zuallererst mir selbst gelten sollte.

Wenn du alles, was du liebst, aufzählen solltest, an welcher Stelle kämst du selbst? Ziemlich weit hinten, oder? Vielleicht müsste man dich sogar erst darauf aufmerksam machen, dass du selbst auf deiner Liste fehlst.

Das heißt nicht, dass du dich nicht liebst oder gar hasst. Aber es kommt dir nicht in den Sinn, diese Liebe zu betonen. Sie zu erwähnen, kommt dir sogar ein wenig eingebildet vor. Aber du könntest nicht falscher liegen. Selbstliebe ist nicht eitel, sie ist gesund. Wir brauchen sie als Basis, um überhaupt jemand anderen wahrhaft lieben zu können.

Liebe ist andernfalls oft nicht mehr als Projektion, Aufopferung, eine Reaktion auf die Angst vorm Alleinsein, die Suche nach Bestätigung. Wie soll man Vertrauen aufbauen oder die Liebe eines anderen empfangen können, wenn man sich selbst nicht als liebenswert empfindet? Und wie soll man Selbstvertrauen aufbauen, wenn man sich selbst nicht mag?

Wir müssen uns selbst lieben, anstatt uns daran zu klammern, von anderen geliebt werden zu wollen. Bei *Schrankalarm* hatte ich immer mal wieder, eigentlich öfter als mir lieb war, den Typ «aufopferungsvolle Mutter». Das klingt vielleicht erst mal nach einer negativen Schublade, aber so ist es gar nicht gemeint. Es waren Frauen, die spätestens nach dem Auszug der Kinder nicht mehr wussten, wer sie eigentlich sind. Häufig hatten sie sich nicht mal selbst bei *Schrankalarm* beworben, sondern die Kinder oder sogar der Ehemann hatten die Bewerbung losgeschickt. Jahrelang hatten sich diese Frauen nur um die Familie gekümmert, das Geld für Kinder und Enkelkinder ausgegeben, sich keine Zeit für sich selbst genommen. Und sich darüber verloren. Als Frau, Partnerin, als eigenständiger Mensch.

Alle von ihnen waren sympathische und warmherzige Frauen. Doch irgendwie waren sie manchmal auch schwer greifbar, sogar auf den ersten Blick uninteressant. Im Gespräch mit ihnen war der Grundtenor eigentlich durchgehend:

«Ich wollte immer, dass es meiner Familie gutgeht, ich bin nicht so wichtig.»

Wenn man dann mit dem Partner sprach, kam aber:

«Ich wünschte, sie würde *einmal* etwas nur für sich tun. Sie wirkt immer so traurig, alles was sie tut, ist immer für andere. Ich liebe sie, aber ich weiß eigentlich gar nicht, wer sie ist, was sie mag oder wofür sie sich sonst interessiert. Immer wenn ich zu ihr sage: ‹Nein, ich brauche nichts, tu dir selbst doch mal was Gutes›, dann winkt sie nur ab.»

Einmal hatten die Kinder einer Kandidatin zusammengelegt, um ihr eine Wellnessreise zu schenken, aber sie hatte Angst davor, alleine wegzufahren, und fand das Geschenk übertrieben. Sie stornierte die Reise und besorgte von dem Geld Geschenke für die Enkel. Als das nicht besonders gut ankam, konnte sie die Aufregung gar nicht verstehen.

Andere Frauen wurden irgendwann krank, eine hatte starke Neurodermitis.

In intensiveren Gesprächen mit den Müttern hörte ich viele Geschichten, in denen es um Verzicht ging, sei es auf Luxusartikel, Reisen, schöne Kleider, Friseur- und Kosmetiktermine. Bei Nachfragen über Interessen, die über die Familienaktivitäten hinausgingen, den eigenen Geschmack, Kleidungsstil, Meinungen zu bestimmten Themen wurde es immer stiller.

Aber unterschwellig konnte ich einen gewissen Stolz über diese Form der Liebe heraushören. Wenn ich meine Anerkennung nicht deutlich genug artikulierte, reagierten sie oft irritiert und verunsichert. Ich hakte nicht weiter nach, aber eins habe ich verstanden:

Vielen dieser Frauen mangelte es an Selbstbewusstsein. Ihr Selbstwertgefühl war angeschlagen und ihre Selbstliebe hinter all den Anforderungen des Alltags in Vergessenheit geraten.

Etwas nur für sich zu tun, kam ihnen wie Betrug vor, und sie wirkten permanent beschäftigt, fast rastlos. Ich fragte mich: Wenn man ihnen ihre Liebe zum Partner und den Kindern und ihre Opferbereitschaft nähme, wer wären sie dann noch?

Und ich ahnte, dass diese Aufopferungsbereitschaft oft auch eine Flucht bedeutete, vor sich selbst, vor der Auseinandersetzung mit den eigenen Defiziten, nicht aufgearbeiteter Vergangenheit, vor allem aber den eigenen Wünschen und Bedürfnissen. Die tiefe Liebe zur Familie wurde zur Lebensaufgabe, und dabei vergaßen diese Frauen ein Stück weit sich selbst.

Aber was passiert, wenn die Dankbarkeit der Menschen, die man liebt, ausbleibt, wenn man keine Anerkennung für seine Mühen bekommt? Dann fällt man tief. Liebe kann man nicht einfordern, Liebe bekommt man geschenkt. Um dieses Geschenk annehmen zu können, muss man sich selbst als liebenswert, also *der Liebe wert*, empfinden.

Du musst deine erste und vorrangige Liebe sein. Nur dann kannst du wahre Liebe ohne Wenn und Aber geben und empfangen. Dann frisst dich die Eifersucht nicht auf. Dann kannst du auch mal nicht liebenswert oder ungerecht sein und Fehler machen, ohne befürchten zu müssen, nicht mehr geliebt zu werden. Du hast eine Beziehung, weil du sie willst, nicht weil du sie brauchst. Du solltest auch allein glücklich sein können und dir selbst genug. Nur dann kann man dich finden.

Selbstbewusstsein zeigt dir, wer du bist. Es gibt dir die Sicherheit, dich selbstbestimmt entwickeln zu können und deinen Selbstwert ohne Bestätigung von außen zu bestimmen.

Selbstakzeptanz lässt dich Frieden mit dir schließen, auch mit den Dingen, die du nicht an dir magst.

Selbstliebe aber hält alles zusammen. Denn mit Selbstliebe kannst du diese Reise auch genießen.

Selbstfürsorge

*M*an möchte meinen, Selbstliebe ist der einfachste Teil der Reise, aber weit gefehlt. Liebe kann man nicht erzwingen, und bei Selbstliebe ist das nicht anders.

Ich folge vielen Body-Positivity-Accounts auf Instagram. Diese Seiten inspirieren mich, sie zeigen Diversität und sind authentisch. Es gibt motivierende Sprüche, hübsche Illustrationen und sehr viel Bestärkung. Und sie promoten die Überzeugung, dass *jeder* Körper das Recht hat, geschätzt und respektiert zu werden.

Mich bestärkt das und ich schätze diese Seiten, die der Bilderflut der perfekten Scheinwelt die Schönheit realer Frauenkörper entgegensetzen. Sie helfen unser aller Blick umzuschulen, bis wir die Dinge, die wir gelernt haben, als unattraktiv zu empfinden, wieder als das annehmen, was sie sind: Echt. Normal. Und existent. Und vor allem vollkommen in Ordnung so, wie sie sind. Love yourself! Tschakka!

Ich hätte nicht gedacht, dass man das anders empfinden könnte. Bis ich zufällig eine alte Kollegin wiedertraf.

Vor vielen Jahren waren Barbara und ich zusammen als Styling- und Make-up-Team für das Katalogshooting einer Modefirma gebucht. Fünf Tage teilten wir uns in Thailand einen Bungalow, zusammen mit vier Kleiderstangen, einem Spiegel und acht Koffern voller Klamotten, Schuhe, Accessoires, Make-up und Haarprodukten. Es war eine entspannte Produktion, und Barbara und ich verstanden uns ausnehmend gut. Das Einzige, was mir seltsam vorkam, war ihr Tick, morgens um vier Uhr aufzustehen, im Bad zu verschwinden und ein sorgfältiges Make-up aufzulegen, ihren Bob zu föhnen und sich komplett anzuziehen, bevor ich um fünf auch aufstehen musste.

Normalerweise laufen alle Produktionsmitglieder bei Shootings wie diesen weitgehend ungestylt herum. Immerhin herrschten annähernd 34 Grad mit einer Luftfeuchtigkeit von gut und gerne 70 Prozent. Und ein Arbeitsbeginn von halb sechs Uhr jeden Morgen ließ auch die letzte Eitelkeit fahren.

Barbara war aber immer wie aus dem Ei gepellt. Wir müssen optisch einen amüsanten Gegensatz geboten haben, wilde Locken versus blonder Bob, ungeschminkt in Shorts und Tanktop neben gebügeltem Polohemd und Jeansrock – ein Outift, das Barbara trotz der Temperaturen nie gegen Bikini oder Badeanzug tauschte. Ich hatte damals noch wenig Ahnung von Essstörungen, aber hätte es von ihrer überschlanken Figur und ihrem Essverhalten ableiten können. Spätestens die Tatsache, dass sie nach jeder Mahlzeit verschwand, oder wie sie über sich selbst sprach, waren sichere Indikatoren.

Besonders kurios war unsere Zu-Bett-geh-Routine: Ich musste als Erste ins Bad und mich fertigmachen, danach ging Barbara. Wenn sie fertig war, musste ich mich mit dem Gesicht zur Wand drehen, bis sie in Jogginganzug und Gesichtsmaske in ihr Bett geschlüpft war und das Licht ausgeknipst hatte. Kurzzeitig war ich versucht, in der Nacht rüberzuschleichen und zu überprüfen, was an ihrem Gesicht jetzt so furchterregend war, dass sie sich selbst mir nicht ungeschminkt zeigte. Aber dazu war ich zu höflich. Und ehrlich gesagt auch zu müde.

Als ich eben diese Barbara vor einiger Zeit in einem Kaufhaus wiedertraf, war die Freude groß, und wir gingen spontan einen Kaffee trinken. Nach einem Schnelldurchlauf der letzten Jahre und der Erwähnung meiner jetzigen Arbeit kamen wir auf das Thema Body Positivity zu sprechen.

«Boah, nichts für ungut, aber das geht mir so was von auf die Nerven!»

«Waas? Wieso denn das?», gab ich zurück. «Das nimmt dir doch den Druck, immer perfekt sein zu müssen.»

«Eben nicht. Ich soll nicht nur perfekt aussehen wie diese ganzen Fitnessmodels, dabei muss ich mich jetzt auch noch lieben! Liebe dich selbst! Liebe deinen Körper! Ja, aber bitte wie denn?!»

Und da ging mir ein Licht auf. Barbara war nicht auf den Body-Positivity-Seiten, die ich meinte, unterwegs, sondern folgte den vielen Fitnessbloggerinnen und Insta-Models, die zwar weiterhin retuschiert Körperkult promoteten, jetzt aber ihre Posts mit Captions wie #loveyourself und #bodypositive untertitelten. Das war ja vielleicht noch nicht mal gelogen, aber hier war die Message wohl eher «Sei schlank und trainiere, dann liebst du dich selbst und bist positiv!» Alles beim Alten sozusagen, aber geschickt Body Positivity als Trend integriert.

Und Frauen wie Barbara, die seit jeher mit sich und ihrem Körper im Clinch liegen, die täglich mit sich kämpfen und sich schwertun, überhaupt erst mal eine neutrale Beziehung zu ihrem Körper einzugehen, kann man nicht einfach mit einem «Liebe dich, so wie du bist!» abspeisen. Das ist eher schon ein Affront nach all den Jahren des Selbsthasses.

Nein, man kann Selbstliebe nicht erzwingen oder herbeirufen. Aber man kann sich an sie herantasten. Selbstliebe ist zunächst eine Entscheidung – für sich. Es ist die Einsicht, dass all die Jahre des Selbsthasses, die verzweifelte Jagd nach Optimierung und Perfektion einen auch nicht weitergebracht haben. Irgendwann ist man einfach müde und hat dieses Rennen im Hamsterrad satt. Dann denkt man: Vielleicht könnte ich ja mal etwas anderes ausprobieren.

Du musst deinen Körper nicht lieben, noch nicht einmal akzeptieren, um dich um ihn zu kümmern. Starte mit Mitgefühl dir selbst gegenüber. Selbstakzeptanz kann daraus erwachsen. Gib dir selbst Zeit. Selbstliebe ist (ausnahmsweise mal) kein Wettbewerb. Wenn du keinen Zugang zu einem positiven oder auch nur neutralen Körperbild findest, dann gönn dir erst mal eine Pause und probiere Mitgefühl aus. Mit dir und deinen verzweifelten Mitkämpferinnen. Du bist nicht allein, wir alle teilen etwas: Menschlichkeit. Egal, wie perfekt oder unperfekt wir meinen zu sein oder wir die Körper von anderen sehen.

Es gibt ein schönes Zitat, das C. S. Lewis zugeschrieben wird, dem Schöpfer von *Die Chroniken von Narnia*: «Wir haben keine Seelen, wir sind Seelen, wir haben Körper.»

Als Menschen haben wir Körper, aber sie machen uns nicht alleine aus. Wir sehen und spüren unsere Körper. Und wir vergleichen sie. Aber wir sind nun mal unterschiedlich gedacht und entwickeln uns auch auf verschiedenste Weise. Weil wir in unseren Körpern leben und sie mehr als den Zweck erfüllen, in eine Schablone passen zu müssen.

Einige von uns sind dünner, weil das ihr Bodytype ist. Andere werden dünner, weil sie ihre Ernährungsgewohnheiten umgestellt haben oder sich mehr bewegen. Oder weil sie krank sind, Schmerzen haben und dadurch ihren Appetit verlieren. Oder weil sie mit Essstörungen kämpfen, Depressionen haben oder schlicht zu beschäftigt sind, um ans Essen zu denken. Weil sie regelmäßig trainieren. Oder stillen. Einige von uns sind schwerer, weil sie genetisch bedingt leicht zunehmen. Oder weil sie sich nicht oder nur wenig bewegen. Oder weil sie Muskelmasse im Gym zulegen. Oder sich in einer Partnerschaft entspannen, was Essen angeht. Weil sie Medikamente einnehmen müssen, die eine Gewichtszunahme auslösen, weil sie schwanger sind oder eben grade Trost im Essen finden. Oder, oder, oder.

Habe Mitgefühl mit deinem eigenen Körper und allen Menschen, denen du begegnest. Anstatt dich ständig zu vergleichen oder dich (und andere) zu bewerten, versuche als Erstes, zu sehen, dass wir alle komplexe menschliche Wesen sind, die sich verändern und schrumpfen und wachsen und eine Geschichte haben.

Probiere es als Nächstes mit Selbstfürsorge, indem du dir etwas Gutes tust. Und zwar für dein ganzes Selbst, nicht nur für dein sichtbares Selbst. Selbstfürsorge kann eine Pediküre sein, ein Facial, Training oder ein neuer Haarschnitt. Und so wohltuend und berechtigt das ist, Selbstfürsorge ist noch so viel mehr als das Kümmern um die sichtbare Hülle.

Selbstfürsorge ist auch Schlaf, frische Luft, Sauna, Meditation, Social Media Detox, ein Spaziergang. Oder sich eine Auszeit zu nehmen, zu reisen, in Therapie oder zum Arzt zu gehen. Einen Babysitter zu buchen, auszugehen, einen Freund zu treffen, ein Bad zu nehmen, einen Job abzusagen. Zu naschen, eine Massage zu bekommen, um Hilfe zu bitten. Blumen, Hunde, Katzen, Lesen, Malen, Singen, Tanzen, Schreiben, Beten, manchmal einfach eine Tasse Tee. Du kannst auch das Handy an die Wand schmeißen und laut schreien. Nein sagen. Dich einfach mal dich sein lassen. Authentisch und ungefiltert. Ohne Entschuldigung oder Rechtfertigung, ohne Erlaubnis von anderen. Egoistisch und frei.

Lass los, tank auf, mach weiter!

Perspektivwechsel

Selbstfürsorge, regelmäßig praktiziert, wird dich dir selbst näherbringen. In deiner Einheit als komplexer Mensch jenseits deiner Hülle. Du lernst, mehr auf deine Bedürfnisse zu achten, und wie entscheidend das ist. Du wirst dir selbst ein Freund.

Und einem Freund gönnt man etwas Gutes, achtet auf sein Wohlbefinden. Man hört ihm zu, und selbst wenn man nicht weiß, wie man ihm helfen könnte, ist man für ihn da. Manchmal reicht das ja auch erst mal, einfach für dich da zu sein, ohne direkt etwas verändern zu müssen oder eine «Lösung» zu haben. Nachsicht und Wärme anstatt Druck und Erwartung.

Dann bist du bereit für den nächsten Schritt: Ändere die Perspektive, deine Sicht auf die Dinge. Hör auf, dich für alles zu hassen, was du nicht bist, und fange an, dich zu lieben für alles, was du schon bist. Die Gesellschaft und die Medien zeigen uns permanent, was wir nicht sind, nicht haben, wo wir nicht passen oder genügen. Aber was ist mit all dem, was wir haben? Was macht dich zu dir? Was hast du der Welt um dich herum zu bieten? Was macht dir Freude?

Versuche es doch noch einmal mit Listen. Dinge aufzuschreiben und zu visualisieren, kann eine echte Hilfe sein. Schreibe als Erstes eine Liste mit all den Dingen, die du an deinem Körper liebst. Oder zumindest magst. Oder am wenigsten «schlimm» findest. Wo du startest, bleibt dir überlassen.

Wenn dir so schnell nichts oder nur sehr wenig einfällt, versuche doch mal, deinen Körper, seine einzelnen Teile (wir erinnern uns an die Kuh-Schautafel beim Metzger) nicht in Relation zum gängigen Schönheitsideal zu sehen. Wie ein Bauch, der nicht fest genug oder von einer Schwangerschaft gezeichnet ist. Stattdessen sieh ihn als den Bauch, der neun Monate das erste Zuhause deines Kindes war, ein Heim, eine Höhle, ein Schutzraum. Und die Schwangerschaftsstreifen sind Abzeichen für die grandiose Leistung, die dein Körper dabei geleistet hat.

Verknüpfe deine Körperteile mit Emotionen, Erinnerungen, positiven Gefühlen. Die Sommersprossen deines Vaters auf deiner Haut und sein Grübchen in deinem Kinn. Die Augen deiner Mutter, ihr langer Rücken, den sie dir auch vererbt hat. Die Hände, die stundenlang dein krankes Kind gekrault haben, bis es endlich einschlief. Das Knie mit der Narbe, als du mit neun vom Fahrrad gefallen bist, und der Hintern, den du zu dick findest, bei dem dein Mann aber immer noch jedes Mal stolz «Meiner!» sagt. Deine kleine Brust, die du nicht magst, aber um die dich deine beste Freundin beneidet. Oder die Nase, für die es noch nie Applaus gegeben hat, aber die verdammt noch mal zu dir gehört!

Sei ruhig, kreativ, humorvoll, nachsichtig.

Anschließend machst du eine zweite Liste zur Frage: Was macht mich aus? Was sind meine Eigenschaften, worauf bin ich stolz, und an was will ich noch arbeiten? Was habe ich meinem Umfeld zu bieten, welchen Beitrag kann ich leisten? Wie würden meine Freunde, meine Familie mich beschreiben? Du kannst sie auch bitten, die Liste (ebenso wie die erste) zu komplettieren. Die Liste könnte beispielsweise so aussehen: Neugierig, schüchtern, gute Köchin, immer hungrig, hasst Rosenkohl und laute Geräusche. Gute Zuhörerin, unordentlich, liebt blau und Sneakers. Hasst Ungerechtigkeit, trennt Müll und gießt Teebeutel zweimal auf. Beste Exceltabellen-Erstellerin im Büro, immer hilfsbereit.

Bei meiner Freundin Anna antwortete ihr fünfjähriger Sohn auf die Frage, was er an seiner Mama am schönsten findet, ihren weichen Bauch, da sei es immer so schön gemütlich, wenn er seinen Kopf drauf ablegen würde. Und was er an ihren Eigenschaften am liebsten möge? Dass sie ihm immer Essen gibt und von der Kita abholt. Ein mobiles Kissen, das sowohl Kantine als auch Taxi ist – wenn das mal keine ungeahnten Qualitäten sind!

Beide Listen kannst du endlos weiterführen, das kann sogar richtig Spaß machen, sobald du merkst, dass du dich nicht bewerten musst.

Und die dritte Liste schließlich beinhaltet alles, was dir Freude macht, worauf du neugierig bist, was du schon immer mal machen wolltest, wovon du träumst und was du dir noch nicht zutraust, aber angehen willst: Das Meer,

Regen, der an die Fensterscheibe prasselt, der Geruch in der Luft, kurz bevor es anfängt zu schneien. Dein kleines 15 Jahre altes Auto, dein neuer Fernseher, deine Lieblings- serie anschauen. Mit Freunden kniffeln, alleine sein. Durch Südamerika reisen, dich zur Wahl als Trainerin der Kinderfußballgruppe oder zur Bürgermeisterin (think big!) aufstellen lassen, deinen Job kündigen, eine neue Ausbildung beginnen, dich selbständig machen …

Setze dir keine Limits, es gibt keine Grenzen!

Natürlich will ich euch nicht vorenthalten, was auf meinen Listen steht. Hier ist ein kleiner Auszug:

Liste 1:

Was ich an mir liebe

- meine Haare, die genau eine Mischung aus den Wellen meines Vaters und der asiatischen Struktur meiner Mutter sind. Eine Brücke zwischen zwei Welten
- meine großen halbblinden Kulleraugen, die immer neugierig und offen sind, selbst wenn ich schlafe
- meine vollen Lippen, die gerne lachen
- meine großen Brüste, die sich tapfer gegen die Schwer- kraft wehren
- die Brandnarbe auf meinem Dekolleté, die für meine erste Erinnerung steht
- mein wohlgeformter Bauchnabel
- Mamas Hände
- mein runder Bauch, der mir wirklich alles übelnimmt
- meine haarlosen Beine

- meine von Sommersprossen überzogene Haut an Armen und Beinen (und im Sommer auf meinen Wangen), wie bei meinem Papa
- Papas Nase

Liste 2:
Was mir zu mir einfällt
- intelligent
- neugierig
- warmherzig
- positiv
- schön
- intuitiv
- interessiert
- genießerisch
- ungeduldig
- ambitioniert
- faul
- besserwisserisch
- stur
- sozial
- hasst Krach und Gestank
- Migränepatientin
- kreativ
- maßlos
- kommunikativ
- liebt Farben *und* Schwarz
- sexy

- verwöhnt
- liebt Hunde. *Liebt* Hunde
- liebt es, High Heels zu besitzen, hasst es, sie zu tragen
- Sneakermädchen
- liebt ihre Familie, nimmt sich aber nie genug Zeit für sie
- absoluter Schisshase
- liebt das Meer, kriegt in den Bergen Ohrensausen

Liste 3:
Was mir Freude macht:
- mit Gretchen kuscheln
- mit Hase reden (und kuscheln)
- mit Freunden treffen und sich austauschen
- Reisen
- Lernen
- Lachen bis ich abgeschminkt bin
- Lesen
- Schlafen
- Schreiben
- KAFFEE!

Worauf ich neugierig bin:
- neue Menschen
- fremde Länder
- Herausforderungen

Wovon ich träume:
- ein Haus auf Kreta
- nachhaltiger und umweltbewusster leben
- meine Zähne richten lassen
- mich gesünder ernahren
- viele Hunde retten
- ein Netzwerk toller Frauen aufbauen, die sich gegenseitig unterstützen

Was ich vorhabe:
- mich sozial engagieren
- meine Stimme nutzen für Veränderung
- nachts alleine auf der Straße weniger Angst haben
- den Führerschein machen!

... to be continued.

Was steht auf deinen Listen?
Finde die Dinge, die du an dir liebst. Sie sind genug.

Stärke

Ganz egal, wo du jetzt auf deiner Reise stehst, wie weit du schon gekommen bist, es werden harte Zeiten kommen. Zeiten, in denen du sehr mit dir hadern und vielleicht sogar das Gefühl haben wirst, Rückschritte zu machen. Krisen wie eine Trennung, eine Krankheit oder der Verlust des Jobs können dich kalt erwischen.

Das Leben fragt nicht, ob's dir grade passt und du das emotionale Rüstzeug hast, mit der jeweiligen Situation fertigzuwerden. Das Selbstvertrauen kann zu Boden sinken, und du fühlst dich schrecklich hilflos.

Atme durch. Du darfst das jetzt fühlen. Du bist ein Mensch. Aber versuche, dich nicht darin zu verlieren. Das Selbstbewusstsein, das du aufgebaut hast, kann dir jetzt helfen. Was du in dieser Situation brauchst, ist Zuversicht, dass du es packen wirst. Dass du die Stärke in dir hast, auch wenn du sie grade nicht spürst. Du darfst dich auch mal schwach und verletzlich fühlen, auch in Verletzlichkeit liegt Stärke.

Der einzige Weg durch solche Situationen ist mitten hindurch – aber zu deinen Bedingungen und in deinem Tempo. Auch hier ist Selbstfürsorge der Schlüssel. Du musst niemandem etwas beweisen. Manchmal liegt die eigene Stärke darin, einfach weiterzumachen und darauf zu vertrauen, dass auch die schlimmste Zeit einmal zu Ende geht. Und manchmal bedeutet Stärke, um Hilfe zu bitten.

Egal, welche Krise du meistern musst, ob Trauma oder Gewichtszunahme, es ist schlichtweg unmöglich, immer die Fahne hochzuhalten. Wenn wir mal wieder frustriert sind, verletzt, ungeduldig oder enttäuscht von uns selbst, ist es unser Mitgefühl für uns selbst, das uns versichert, dass wir uns jetzt grade so fühlen dürfen, aber dass wir mehr sind als dieses schlechte Gefühl. Wir sind gut und stark, und unser Mitgefühl führt uns mit Zuversicht durch diese schweren Zeiten.

Dann können wir uns auch unserer Verletzlichkeit stellen, offen aussprechen: «Es geht mir grade nicht gut.» Und unser Mitgefühl wird antworten: «Ich weiß. Aber ich bin da.» Wir entwickeln Vertrauen in uns. So können wir Schmerz überwinden, Konditionierungen lösen, unange-nehme Gefühle zulassen und uns nicht dafür verurteilen. Wir wissen, dass wir uns selber wieder auffangen können. Wenn wir unsere eigene Stärke gefunden haben, kann uns die so schnell keiner mehr nehmen! Eben diese Stärke brauchen wir aber auch, wenn die Nachsicht, die wir mit uns haben, in Nachlässigkeit umkippt. Das kann ich bei mir öfter beobachten.

Ich habe mit den Jahren und durch die Erfahrungen, die ich euch beschrieben habe, ein gesundes Selbstbe-wusstsein entwickelt. Ich habe es geschafft, Frieden mit mir und meinem im stetigen Auf und Ab befindlichen

Körper zu schließen. Ich habe Nachsicht mit mir – manchmal auch zu viel. Werden die Zeiten wieder stressig und ich vergesse auf mich zu achten, kommt diese Nachsicht und sagt:

«Komm, ist grad viel los und du musst funktionieren – gönn dir!»

Und dann gönn ich mir. Keine Bewegung grade möglich? Macht nix, ruh dich aus! Viel Stress grade? Du brauchst Zucker!

Das kann lange so gehen. Ich bin dann im Tunnel, schaue nicht nach links und rechts und bin gestresst. Dieser Stress lässt sich an kleinen Dingen ablesen: Ich sage häufiger private Verabredungen ab, telefoniere seltener mit meinen Eltern, habe permanent ein leises Schuldgefühl meinem Gretchen gegenüber und der Kaffee ist immer schon kalt, wenn ich ihn trinke (die Mütter unter euch wissen, was ich meine).

Das geht so lange, bis ich mich nicht mehr gut mit mir fühle. Bei mir äußert sich das erst, wenn ich wieder vermehrt Migräne bekomme, ich gesundheitlich angeschlagen bin, wenn ich unglücklich werde, weil mir soziale Interaktion mit Menschen fehlt, die mir etwas bedeuten. Wenn ich zunehme, fällt mir das zwar auf, aber ich spüre keinen Leidensdruck mehr, weil ich das im Rahmen meiner Selbstakzeptanz als in Ordnung empfinde. Ich sehe mich weiterhin als schön und wertvoll. Wofür ich lange gebraucht habe und worauf ich eigentlich sehr stolz bin, kann sich dann plötzlich gegen mich wenden. Denn das

Pendel kann leicht in ein Extrem ausschlagen, bevor ich reagiere. Und dann betrifft es schon meine Gesundheit.

In Momenten wie diesen brauche ich dringend meine Selbstfürsorge, die dann einen strengeren Ton anschlagen muss. Zwar ohne Scham und Reue, aber mit gnadenloser Ehrlichkeit:

«Butter bei die Fische, min Deern! (Keine Ahnung, warum, aber meine Selbstfürsorge scheint aus dem Norden zu kommen. So höre ich sie in meinem Kopf.) Du hast die Zügel wieder schleifenlassen, jetzt musst du dich zusammenreißen.»

Und die entwickelte Stärke hilft mir dann, Selbstdisziplin zu entwickeln, die ich sonst nur bei Dingen wie meinem Job an den Tag lege. Selbstdisziplin, Dinge in Angriff zu nehmen, die sonst nicht mein Ding sind. Wie Gewichtsverlust. Und Sport.

Denn Selbstliebe bedeutet auch, auf sich zu achten. Die Stärke zu haben, sich einzugestehen, wenn man sich grade verliert, und Dinge zu verändern, die einem nicht guttun.

Das ist ehrlich gesagt noch meine größte persönliche Baustelle.

Eine kleine Portion Selbstbeschiss – und wie sie helfen kann, dich selbst zu lieben

So langsam nähern wir uns dem Ende meiner kleinen Exkursion zum Thema Selbstbewusstsein und Selbstliebe, und wie ich euch schon zu Beginn vorgewarnt hatte, ich habe nur eine Ahnung, wohin die Reise letztlich führen wird.

Und weil dieses Buch eben sehr persönlich ist und weniger wissenschaftlich fundiert, will ich euch noch einen Trick mit auf den Weg geben, der bei mir wunderbar funktioniert: Selbstbetrug.

Aber das klingt gleich so hart, und es trifft auch nicht wirklich den Kern, also nenn ich es lieber beim Namen: Selbstbeschiss.

Wie ihr mittlerweile gemerkt haben werdet, habe ich zu vielen Themen eine eher pragmatische und weniger idealistische Meinung. Diäten, Beauty-Eingriffe, zu alldem werdet ihr in klassischen Selbstliebe- oder Body-Positivity-Büchern nichts finden. Aber da will ich auch authentisch und ehrlich bleiben. Sosehr ich aufrichtig die Body-Positivity-Kriegerinnen auf Instagram und im wahren Leben für ihre Überzeugung, Stärke und ihr konsequentes Handeln bewundere – ich verstehe mich selbst als ganz normales Mädchen mit Kämpfen und Widersprüchen. Und meinem ganz eigenen Weg zu mir.

Selbstbeschiss ist hierbei ein wundervoller Komplize, denn eins habe ich auf meiner Reise gelernt: Es ist nicht so wichtig, wie ich tatsächlich aussehe. Mein Aussehen bestimmt weder meinen Wert in der Gesellschaft, noch ist es die wahre Wurzel meines Selbstbewusstseins. Aber dass ich mich schön *fühle*, das hilft mir sehr.

Und da trickse ich gerne ein wenig.

Mein Tipp: Finde dich immer ein bisschen geiler, als du eigentlich bist. Denn deine Ausstrahlung zählt, nicht die Zahl auf der Waage oder deine Konfektionsgröße.

Wie das für mich funktioniert? Mit meinem Zauberspiegel.

Genau genommen ist es Manuels Wunderspiegel, denn als wir uns vor 14 Jahren kennenlernten, brachte er ihn mit in die Beziehung. Und ich sag euch, für mich ist er ein vollwertiges Familienmitglied geworden. Optisch ist er jetzt keine Offenbarung, hübsch, aber ein wenig zu üppig barock, mit viel Gold, und ein ganz klein wenig kurz geraten ist er auch.

Moment, wenn ich mir das noch mal in Ruhe durchlese, klingt er mir nicht ganz unähnlich. Ich glaube, ich finde ihn doch wunderschön ... Worauf es aber eigentlich ankommt, ist sein Inneres (Das klingt ja noch mehr nach mir!). Dieser Spiegel ist meine absolute Geheimwaffe. Er steht im Wohnzimmer bei warmem Schmeichellicht, und man kann nicht allzu nah rangehen, weil er einem ansonsten den Kopf abschneidet (Okay, jetzt ist es vorbei mit den Parallelen). Er zaubert mir mindestens fünf Kilo weg und streckt mich dezent ein paar Zentimeter – exakt so viel, dass ich es mir noch abkaufe.

Jeden Morgen mache ich mich fertig, und kurz bevor ich das Haus verlasse, werfe ich noch einen letzten Blick in meinen Zauberspiegel, werfe mir eine Kusshand zu und denke: «Läuft bei dir!» Und von diesem Gefühl höchster Huld getragen, bestreite ich meinen Tag. Die Reaktionen sind entsprechend. Auf meinen Wegen wird viel gelächelt, zugezwinkert und sogar manchmal ein Kaffee ausgegeben. Und ich heimse Komplimente ein, so viele Komplimente, von Männern wie Frauen. Und natürlich gebe ich dann auch gern Komplimente zurück …

Klar weiß ich, dass das nichts mit dem Spiegel zu tun hat. Mein Spiegelbild habe ja nur ich gesehen. Und ich weiß, dass es nicht völlig der Realität entspricht. Aber das spielt auch nicht die geringste Rolle. Wichtig ist: Ich fühle mich schön. Diese Zufriedenheit strahle ich aus, und ich bekomme sie von meinem Umfeld gespiegelt.

Ich habe mir außerdem abgewöhnt, mich in allen Schaufenstern, Autoscheiben und sonstigen spiegelnden Flächen zu suchen. Man muss nicht gleich panisch vor ihnen weglaufen wie ein Vampir, dem sonst die Enttarnung droht, aber es lohnt sich, dieses automatische Betrachten, das nur die eigene Unsicherheit bestätigt, wieder zu verlernen. Ich vertraue einfach darauf, dass ich noch da bin.

Das Gefühl, das mir mein Zauberspiegel gibt, kann ich auch unterwegs abrufen. Ich habe mittlerweile einen Blick für schmeichelnde Spiegel entwickelt. Entscheidend ist das Licht (auf keinen Fall von oben!) und der Winkel, wie der Spiegel steht. Jedes Mädchen, das Selfies für Instagram aufnimmt, weiß, worauf es ankommt ...

Braucht man so einen Selbstbeschiss? Nein.

Auch an Tagen, an denen ich nur einen Hotelspiegel unter grausamem Deckenflutlicht zur Verfügung habe, komme ich mit meiner positiven Grundstimmung durch den Tag. Und lasse mir mein gutes Gefühl entweder vom nächsten Schmeichelspiegel, an dem ich unterwegs vorbeikomme, bestätigen oder trage es im Herzen.

Mit der Zeit bin ich mein eigener Zauberspiegel geworden.

Kontrolle

«Natürlich habe ich Unsicherheiten, aber ich verbringe meine Zeit nicht mit Menschen, die sie mir ständig vorhalten.»

ADELE

Wenn ihr von all den Dingen, die ich euch in diesem Buch erzählt habe, nur eine Sache mitnehmen wollt, dann ist es dies: Behaltet die Kontrolle.

Ihr könnt nur beeinflusst werden, wenn ihr es zulasst. Befreit euch von toxischen Einflüssen, indem ihr zum Beispiel Seiten auf Instagram nicht mehr folgt, die euch das Gefühl geben, nicht zu genügen. Es spielt für euer Leben keine Rolle, wie knackig der winzige Bikini an dem durchtrainierten Body (mit freundlicher Unterstützung von Facetune und Photoshop) der zwanzigjährigen Influencerin mit zwei Kindern, Sportlerehemann und Villa am Bondi Beach sitzt.

Sehr wohl spielt es aber eine Rolle, wenn diese Bilder euch das Gefühl geben, euer Leben wäre langweilig und grau, euer Lebensentwurf gescheitert und euer Körper unattraktiv. Die Lösung: Einmal beherzt «Thank you, next» anstimmen und den «Nicht mehr folgen»-Button drücken. Sucht euch stattdessen Accounts, die euch unterstützen auf eurem Weg zu mehr Selbstliebe. Es gibt so viele spannende Frauen, die ähnliche Inhalte teilen wie ihr. Baut eine Community auf, mit der ihr euch austauschen könnt.

Wenn Leute euch wiederholt in Kommentaren oder Nachrichten angehen, blockiert und meldet sie gegebenenfalls. Ihr müsst keine Anfeindung auf euren Accounts dulden. Was virtuell nur ein Knopfdruck ist, gestaltet sich im realen Leben schon etwas komplizierter. Aber im Interesse eures Seelenheils müsst ihr die negativen Einflüsse in eurem Leben eindämmen. Haltet euren Kreis klein. Toxische Beziehungen, Freundschaften mit Menschen, die euch permanent kleinhalten wollen, sich in Konkurrenz zu euch stellen oder aus allem einen Wettbewerb machen wollen, ziehen euch runter und sind für eure geistige Gesundheit gefährlich.

Ein Partner, der dich betrügt? Nicht deine Schuld. Der ständig an dir herummäkelt? Nicht deine Verantwortung. Der will, dass du dich für ihn veränderst? Nicht dein Ding. Der dich nichts mehr alleine machen lassen will? Renn weg!

Es ist kompliziert? Meist ist es das nicht. Es ist eine Entscheidung, und mit den Konsequenzen musst du leben. Aber du lässt nicht die Liebe ziehen, denn das war keine Liebe. Du machst dadurch eher Platz für die Liebe. Für eine Chance auf eine gesunde Beziehung auf Augenhöhe. Oder ein selbstbestimmtes Leben ohne Kompromisse.

Bei Eltern ist es schon sehr viel schwieriger. Aus welchen Gründen auch immer dein Vater zum Beispiel abfällige Kommentare über dein Äußeres oder deine Lebensentscheidungen macht, diese Verletzungen sitzen tief. Ob deine Mutter dich ständig kritisiert, möchte, dass du abnimmst, oder dich kleinhält, weil sie das von ihrer eigenen Mutter so gelernt hat oder aus welchen Gründen auch immer, es ist nicht deine Verantwortung, Entschuldigungen für sie zu finden. Aber es ist deine Verantwortung, deinen Selbstschutz zu aktivieren und dein Seelenheil zu bewahren.

Vielen Eltern ist nicht bewusst, was sie mit ihrem Verhalten anrichten. Da kann es helfen, zu reden und klarzustellen, dass es dein Leben, dein Körper, deine Entscheidungen sind, und wenn sie nicht aus diesem schädlichen Schema der ständigen Kritik herauskommen, es auch deine Entscheidung ist, sie nicht länger an dem, was dich interessiert, teilhaben zu lassen. Das klingt hart, aber es kann sie wachrütteln. Denn wenn Liebe das Fundament eurer Beziehung ist, so kompliziert sie auch sein mag, dann ist eine Veränderung möglich.

Und zu guter Letzt: Emanzipiere dich vom Druck der Gesellschaft und der Medien. Du weißt, unsere Unzufriedenheit ist ein Milliardengeschäft, unsere Fixierung auf Äußerlichkeiten eine Ablenkung von Dingen, die uns in der Gesellschaft wirklich interessieren sollten. Die beste Methode, uns unsere Stimme zu nehmen, ist, uns zu verunsichern. Denn verunsicherte Menschen wehren sich nicht, sie erheben sich nicht gegen Missstände und Ungerechtigkeit.

Aber du weißt auch, dass die Gesellschaft sich von innen heraus verändern kann und dass du als Teil von ihr diese Macht besitzt. Du kannst weiterhin das Spiel mitspielen und dich um dein Äußeres kümmern, Produkte kaufen und Diäten machen, aber tu es aus einem Gefühl der Selbstliebe heraus und zu deinen Bedingungen, ohne dich dem Diktat der Schönheitsindustrie zu beugen.

Your body, your rules.

Dem Meer ist es egal,
ob wir eine Bikinifigur haben –
dir jetzt auch?

Der Titel dieses Buches ist meine Antwort zu eurer so häufig gestellten, unverschämten Frage, wie ich es schaffe, so selbstbewusst zu sein. Selber schuld, ihr habt gefragt.

Zur Vorbereitung auf dieses Buch habe ich sehr viel Literatur zum Thema gelesen. Das war wahnsinnig interessant und auch gleichzeitig entmutigend. Und das in zweierlei Hinsicht. Mir war von Anfang an bewusst, dass es schon sehr viel zu diesem Thema gibt, es beschäftigt uns ja auch nicht erst seit gestern. Außerdem kann man von einem gewissen Selbstliebe- und Body-Positivity-Trend reden. Obwohl ich mir wünschte, dass es nicht so wäre, denn Trends sind oft nur ein kurzes Aufflackern, bis das nächste Strohfeuer sie ablöst. Aber ich glaube das auch nicht, denn es wird einfach zunehmend wichtiger, dass wir Frauen uns gegen diesen ungesunden Druck der Gesellschaft und der Medien zur Wehr setzen. Am besten, bevor die Industrie die Männer im gleichen Maße bedrängt.

Entmutigt fühlte ich mich außerdem, weil ich einige sehr informative und fundierte Bücher zu dem Thema fand und das Gefühl bekam, es brauche eigentlich nicht noch ein weiteres. Ha, da könnt ihr sehen, wie weit es her ist mit meinem Selbstbewusstsein!

In diesen Büchern ging es viel um Frauen, die ihr Leben lang stark übergewichtig waren oder vorher als Models und Bodybuilderinnen arbeiteten, es ging um Leidensgeschichten über Mobbing und Essstörungen.

Und wo stehe ich? Ich bin so normal, so undramatisch. Meine Geschichte ist eine von vielen. Wie alle Frauen kämpfe ich damit, mich anzunehmen und selbst zu akzeptieren in einer Gesellschaft, die uns permanent erzählt, wir könnten das nicht.

Aber dann dachte ich: «Hey Miya, überleg doch mal. Du schreibst ein Buch über Selbstliebe, weil du es praktizierst und dabei *deinen* Weg suchst und dies mit so vielen gemeinsam hast, und nicht, weil du eine Expertin zu dem Thema bist oder eine offizielle Botschafterin der Body-Positivity-Bewegung. Aber du hast eine Stimme. Und du hast deine Erfahrungen. Und so, wie du dein Leben mit deiner Community auf Instagram und anderen Medien teilst, unglamourös, authentisch und nah, so sollte dein Buch sein. Ein Teilen, kein Aufklären.»

Und verdammt noch mal, ja, das wollte ich! Weil ich das Problem kenne, weil ich mich auch da durchwurstele in dieser Welt. Und weil ich eben nicht den ultimativen Plan habe. Nur meinen Weg, meine Kämpfe, meine Widersprüche und Fehler und Geschichten und Erfolgserlebnisse.

Und weil ich doch am Ende hier stehe und sagen kann: Ja, ich finde mich toll. Ich bin selbstbewusst und selbstbestimmt und glücklich. Und ich liebe mich selbst. Meinen Körper und erst recht den ganzen wunderbaren Rest!

Durch Druck rausnehmen. Weitermachen. Probieren. Scheitern. Weitermachen.

Es nicht als Scheitern verstehen, wenn man weder dem Druck der Gesellschaft nachkommen kann und will, noch alles richtig macht in der Body-Positivity Message.

Denn darum geht's: nur sich selbst Rechenschaft schuldig zu sein und niemandem genügen, gefallen zu wollen.

Und die vielleicht schönste Erkenntnis dabei: Wir struggeln alle. Wir sind nicht allein und erst recht keine Konkurrenz. Selbstliebe ist ansteckend. Und verbindend. Gemeinsam sind wir stärker. Als eine Allianz von Freundinnen, Mentorinnen und Komplizinnen. Unterschiedlich in Herkunft, Alter, Bodytype und Geschichte, aber vereint in unserem Kampf, unserer Verletzlichkeit und in der Tatsache, dass wir es einfach satthaben, uns ständig optimieren zu müssen, um vielleicht irgendwann zu passen. Denn wir passen jetzt schon.

Zeigen wir gemeinsam der Welt, wie sehr wir uns lieben, damit sie lernt, wie sie uns lieben soll!

Und jetzt stellen sich mir nur noch zwei Fragen:

Wo sind eure Bikinis?

Und warum sind wir immer noch nicht am Meer?!

Dank

Danke für euren Einsatz, Julia und Tobi!
Danke, Ricarda.
Ich bin so glücklich, dies machen zu dürfen.
Ohne dich wäre das nicht vorstellbar.
Danke, Phil.
Dafür, dass wir diese Reise zusammen machen, Papa P.
Danke, Mama und Papa.
Dafür, dass ich keine Kindheitstraumata habe.
Ich liebe euch.